本书为陕西省社会科学基金项目
"高管胜任力对企业社会责任作用机理研究"(13Q006)的
研究成果,西安财经学院资助出版

企业社会责任与高管胜任力关系实证研究

张 雯 ◎ 著

中国社会科学出版社

图书在版编目（CIP）数据

企业社会责任与高管胜任力关系实证研究/张雯著．—北京：中国社会科学出版社，2017.8

ISBN 978-7-5203-0953-0

Ⅰ.①企… Ⅱ.①张… Ⅲ.①企业责任—社会责任—关系—企业领导—研究 Ⅳ.①F272-05②F272.91

中国版本图书馆 CIP 数据核字（2017）第 220106 号

出 版 人	赵剑英
责任编辑	卢小生
责任校对	周晓东
责任印制	王 超
出 版	中国社会科学出版社
社 址	北京鼓楼西大街甲 158 号
邮 编	100720
网 址	http://www.csspw.cn
发 行 部	010-84083685
门 市 部	010-84029450
经 销	新华书店及其他书店
印 刷	北京明恒达印务有限公司
装 订	廊坊市广阳区广增装订厂
版 次	2017 年 8 月第 1 版
印 次	2017 年 8 月第 1 次印刷
开 本	710×1000 1/16
印 张	14
插 页	2
字 数	207 千字
定 价	60.00 元

凡购买中国社会科学出版社图书，如有质量问题请与本社营销中心联系调换
电话：010-84083683

版权所有 侵权必究

代 序 一

　　19世纪末20世纪初现代企业出现以来,关于企业社会责任的探讨和理论总结一直是现代企业理论的关注主题。工业革命以后出现了近代企业,但早期的企业理论主要是以企业如何实现标准成本控制和利润最大化为目标的,由此形成了企业生产作业管理理论和经营管理理论,进而产生了至今仍然对企业管理实践带来重大影响的作业管理和经营管理的各种技术。20世纪的现代企业为什么会关注企业社会责任?要回答这个问题,大概要回到工业革命史的探究上。与400年工业革命史相伴随的是发达国家的海外殖民史和世界市场形成史,到19世纪末20世纪初,世界统一市场已经形成,世界市场也瓜分完毕。工业企业单纯依靠海外市场扩张实现其规模报酬递增的条件不再存在,生产者主权时代也就随之宣告终结。代之而起的必然是消费者主权的崛起,以及在统一的世界市场范围内对消费者的争夺来重新划分企业的市场占有份额。对企业社会责任的关注,说到底也就是对企业在社会公众(用户)中信用度的关注,这实际上是消费者主权代替生产者主权引领企业行为的时代特征,也是必然结果。

　　中国的企业发展史呈现了另外一种情形。近代工业企业在中国的出现是晚清洋务运动的产物。自工业企业出现以来,中国的企业就始终带有浓厚的国家色彩。无论是洋务运动中的官督商办、官商合办,民国"黄金十年"时官方企业的发展,新中国成立后国有企业的建设,乃至改革开放以来国有企业的现代产权制度重组,在一百多年近代工业发展史上,大型工业企业始终带有强烈的国家经济元素。至于中国的民间资本企业，从"黄金十年"时期一直到改革开放以后民营企业的大量出现，始终未能控制国家命脉。国退民进在近年来受到政府高层和理论界的青睐，却并未成为影响中国经济主流走向的事实。在这种背景下，中国的大型企业自认为先天性存在着"家国情怀"，企业办社会的现象也或隐或现地延续不绝，使中国的大型企业并未如西方市民社会那样对社会责任高度关注，却始终紧扣着中国政治的脉搏而高度关注政府的政治走向。政治使命和社会责任在这里似乎高度融合了。这是中国大一统国家的制度遗产还是中华文明的路径依赖？如何深究基于中国自身制度传承下的消费者主权？对这些问题的回答，或许将构成中国版企业理论的民族特色。

张雯博士是一位年轻而勤奋的管理学工作者，《企业社会责任与高管胜任力关系实证研究》是以她的博士学位论文为基础修改而成的一部专著。希望这位青年学者通过本书，进而通过自己进一步的理论耕耘，在中国企业理论的推进上有自己更多的建树。

是为序。

胡健

西安财经学院　教授　博士生导师
2017 年 6 月 22 日

代 序 二

中国古代，儒家文化提倡的"仁、义、和"等思想与现代社会责任价值观一脉相承。近代社会，也有"儒商"一说，然而，这些只是构成现代企业社会责任的早期伦理道德元素。随着经济发展的多维性不断凸显，我国企业所处的环境愈加多变，如何在发展中满足不同利益相关者的需求，业已成为企业管理领域的共同关注点。

从1924年谢尔顿提出"企业社会责任"概念以来，对于这一问题的研究先后经历了"定义性研究→规范性研究→描述性研究→解释性研究→应对性研究"五个阶段。近年来，国内外学者对于以上前三个阶段的研究已达成共识。半个多世纪以来，国内外学者对于企业社会责任的研究集中于宏观层面的机制探讨及其所产生的结果讨论。

本书紧密围绕企业在市场竞争中所面临的实际问题和需要，尝试从微观层面进行探讨，以高层管理者与企业社会责任之间的关系作为研究对象，关注高管胜任力对企业社会责任的作用机理。

一方面，提出企业可通过不断完善高管胜任力，提升履行社会责任的意识和能力的观点，在理论上丰富和完善了人—职匹配理论和企业社会责任等相关理论研究。本书从高管胜任力入手，运用理论和实证方法研究指出，完善高管胜任力是提升企业社会责任履行的一个重要内部途径，两者产生关联的中介变量是企业责任管理。这无疑纵向加深了企业社会责任的理论研究，对企业如何从内部管理层提升社会责任的履行提供了一定的参考。同时，"地壳模型"的提出对企业高管胜任力模型的构建及测评工具的开发具有重要的理论和现实意义。

另一方面，为企业履行社会责任提供新的指导与建议。本书避开以往探讨企业社会责任的宏观政策等范式，提出切实提升企业履行社会责任的意识和能力，不仅要加强政策引导，而且应完善企业高管胜任力，加强全面社会责任管理，从企业内部找到提升社会责任的有效途径，这为研究企业社会责任提供了全新的视角，对企业管理实践具有一定的启示意义，为高管胜任力和企业社会责任研究做出有益的探索和尝试。

当然，该书难免有不足之处。希望作者在以后的研究中不断探索，为提升我国管理学理论研究做出贡献。

在完成学业过程中，张雯是一位勤奋且悟性较高的人，能够熟练使用管理研究中的定性和定量研究方法与工具，善于将理论研究与实际问题融会贯通，并取得了一定的成绩。作为导师，我倍感欣慰，希望她能在以后的研究工作中不断自我完善，在更高的起点上，更上一层楼。

是为序。

西北大学　教授　博士生导师
2017 年 6 月 15 日

摘　　要

近年来，企业社会责任备受关注。实践证明：当经济进入一个成熟的发展阶段，社会资源的分配更应呈现多元化的效应，这就要求企业应更加全面地关注并解决利益相关者的发展需求。目前，对于企业社会责任的研究大多集中在宏观层面的机制探讨，对于微观层面的企业研究并不多见。企业如何切合实际从战略层面考虑社会责任问题，将其融入经营管理之中，从而有效地提升社会责任的履行，以满足多方位利益群体的期望，这将是我国企业在未来一段时间内不可回避的实际问题。本书将高管胜任力与企业社会责任作为研究对象，探讨高管胜任力对企业社会责任的作用机理。

在借鉴前人研究成果的基础上，本书就高管胜任力对企业社会责任的作用机理进行深入的理论探讨和实证研究。首先，资料收集与整理。在文献梳理、问卷调查和企业访谈等工作的基础上，运用实证分析与规范分析相结合、定性分析与定量研究相结合的方法，就企业社会责任、责任管理及高管胜任力的相关理论进行评述，以期找出潜变量之间的内在联系。其次，概念模型与研究假设。以系统论作为方法论基础，以利益相关者理论、资源基础理论、企业伦理理论、企业公民理论、人—职匹配理论以及隐性知识理论等经典理论作为理论依据，总结出研究概念模型——"EC→CSR"模型；并提出研究假设——"思想→结果"路径、"思想→行为"路径和"行为→结果"路径。再次，实证研究准备。通过科学、规范的问卷设计与严格的数据收集，获得了实证研究的样本数据，并进行统计分析，为后续的实证分析做好准备。最后，实证研究。在对样本数据进行描述性统计和量表的信度、效度检验的基础上，运用A-MOS 17.0软件分析了实证模型的拟合指标，采用结构方程模型进行实证检验，并结合案例进一步论证了高管胜任力的完善有助于提升企业社会责任的履行这一研究假设。

通过研究高管胜任力对企业社会责任的作用机理，得出以下结论：(1) 企业高管胜任力根据其发展的难易程度，可描述为"地壳模型"，即"地壳"——管理知识、"地幔"——管理技能和"地核"——管理素质。这对于构建一套具有中国特色的企业高层管理者胜任力的测评工具有探索性意义；(2) 理论分析及实证研究表明高管胜任力与企业社会责任的履行存在正相关关系，这一结论不仅为企业社会责任研究开辟了新的视角，而且给企业社会责任履行的提升提供了新的途径，即通过完善高管胜任力，可以有效地提升企业社会责任的履行；(3) 高管胜任力各维度对企业社会责任的相关维度能够产生一定的影响，即高管的管理知识、管理技能和管理素质分别对企业的市场责任、用工责任、环境责任和公益责任产生积极的影响，且管理素质对企业社会责任的影响作用最强；(4) 责任管理是高管胜任力与企业社会责任履行之间的中介变量，并且起到部分中介作用，即高管胜任力的提升有助于完善企业责任管理体系，并从根本上加强企业履行社会责任的自觉性和能力。

在理论阐述和实证检验的基础上，对完善高管胜任力来提升企业社会责任这一主题，本书从微观的企业角度和宏观的政府角度提出了各自的策略和政策建议，以期更好地提升我国企业社会责任的履行。同时，对研究的进一步展望，如应扩大高管胜任力对企业社会责任的研究范畴，增强研究模型的应用性，以及如何使高管胜任力与不同发展阶段的企业相匹配，从而有效地提升企业社会责任的履行等。

关键词：高管胜任力　责任管理　价值观管理　隐性知识　企业社会责任

Abstract

In recent years, corporate social responsibility has attracted much attention. Practice has proved that the allocation of social resources should be a wider range effects when economy has entered a mature stage of development. It requires more comprehensive attention to development needs faced by stakeholders. Currently, most studies on corporate social responsibility are in the macro - level mechanism, but studies in micro - level are rather lacking. So, it will be an actual problem to Chinese enterprises that how to consider social responsibility on the strategic level and merge it with business to enhance the performance effectively and meet the expectations of the multi - dimensional interest groups. The book takes executive competency and corporate social responsibility as the object of study, and focuses on the mechanism of executive competency to corporate social responsibility.

Based on the previous research, this book studies the mechanism on executive competency and corporate social responsibility by theoretical discussion and empirical research. The followings are main research contents. Firstly, information collected and collated. In order to identify the intrinsic link between the latent variables, the book reviews theories of corporate social responsibility, responsibility management and executive competency by literature combing, interviews and questionnaires. Main research methods are as follows, empirical analysis and normative analysis, qualitative analysis and quantitative research. Secondly, a conceptual model and hypotheses are put forward. "EC → CSR" model is summarized as a conceptual model. Then, "Ideology → Result" path, "Ideology → Behavior" path and "Behavior → Result" path are put forward as hypothesis. All the above studies are based on the systems theory as research methodology. Some classical theories mentioned are in the followings: stakeholder theory, RBV (Resource - Based View) the theory of business ethics, corporate citizenship theory, people - post match theory and the theory of tacit knowledge. Thirdly, empirical research prepared. Through scientific questionnaire design and data collection, sample data are received and analyzed, which provides the foundation for future empirical research. Fourthly, empirical research is made. The book analyses the fit index of empirical model by AMOS 17.0 based on reliability and validity testing etc. Then structural equation model is used for empirical analysis, and the hypotheses are further proved by two cases.

The conclusion of this book can be drawn in the followings: Firstly, according to the degree of its development, executive competency can be described as "crustal model", namely, "crust" —management knowledge, "mantle" —management skills, and "core" —management quality. There is an exploratory significance of Chinese executive competency assessment. Secondly, with theoretical analysis and empirical research the book points out that there is a great deal of relevant between executive competency and corporate social responsibility. This conclusion not only opens up a new perspective for the research of corporate social responsibility, and provides an effective way to enhance the performance of corporate social responsibility. Therefore, the fulfillment of corporate social responsibility can be effectively enhanced by the improvement of executive competency. Thirdly, dimensions of executive competency can influence social responsibility relatively, and management quality is the strongest effect. Finally, corporate responsibility management palys a partial intermediary role between executive competency and corporate social responsibility.

Based on the above theory and empirical study, the book gives strategy and policy suggestions on how to enhance corporate social responsibility by perfecting executive competency for enterprises and government perspective, in order to better fulfill the corporate social responsibility. Meanwhile, further research studies are proposed. They are generally as follows: the scope of the study should be expanded; the applicability of the research model should be enhanced; and how to make executive competency matches different stages of enterprise development to improve the implementation of corporate social responsibility effectively.

Key Words: executive competency, corporate social responsibility management, managing by value, tacit knowledge, corporate social responsibility

目　录

第一章　绪论 ································· 1

　　第一节　研究背景与研究意义 ··············· 1
　　第二节　研究内容与研究方法 ··············· 5
　　第三节　研究思路与研究框架 ·············· 11

第二章　相关文献回顾与评述 ···················· 15

　　第一节　企业社会责任研究文献综述 ········ 15
　　第二节　企业责任管理研究文献综述 ········ 35
　　第三节　高管胜任力研究文献综述 ·········· 43
　　第四节　管理者胜任力与企业社会责任关系
　　　　　　研究文献综述 ···················· 62

第三章　理论依据、概念模型与研究假设 ········ 66

　　第一节　方法论依据 ······················ 66
　　第二节　研究模型理论依据 ················ 70
　　第三节　概念模型构建 ···················· 89
　　第四节　研究假设提出 ···················· 91

第四章　研究设计与数据收集整理 ·············· 102

　　第一节　调查问卷的设计 ················· 102
　　第二节　数据收集 ······················· 112

第三节　数据整理 …………………………………………… 114

第五章　实证分析与假设检验 ………………………………… 118
　　第一节　数据处理方法与技术手段 …………………………… 118
　　第二节　数据分析与检验 ……………………………………… 125
　　第三节　模型分析与假设检验 ………………………………… 129
　　第四节　结果汇总与分析 ……………………………………… 138
　　第五节　案例剖析 ……………………………………………… 140

第六章　对策研究 ……………………………………………… 168
　　第一节　针对企业的策略建议 ………………………………… 168
　　第二节　针对政府的政策建议 ………………………………… 171

第七章　研究结论与展望 ……………………………………… 175
　　第一节　研究回顾 ……………………………………………… 175
　　第二节　研究结论 ……………………………………………… 176
　　第三节　研究的局限性与展望 ………………………………… 177

附录　企业社会责任与高层管理者胜任力关系调查问卷 ……… 178

参考文献 ………………………………………………………… 188

后　　记 ………………………………………………………… 209

第一章 绪论

20世纪50年代,许多学者开始对企业社会责任理论进行了大量研究。2010年11月1日,国际标准化组织(ISO)在瑞士日内瓦国际会议中心举办了《社会责任指南标准》(ISO 26000)的发布仪式,该标准的正式出台标志着国际范围内首次形成对社会责任内涵的共识。企业社会责任的研究在西方社会已有半个多世纪的历史,如今对社会责任的研究、对企业社会责任的认识是如何履行企业社会责任,而不是是否应该履行企业社会责任的问题。

第一节 研究背景与研究意义

一 研究背景

英国人奥利弗·谢尔顿(Oliver Sheldon)在1924年最早提出"企业社会责任"(Corporate Social Responsibility,CSR)这一概念,1953年,鲍恩(Bowen)出版了《商人的责任》,这一著作使企业社会责任更加被世人所瞩目。由于可持续发展理念的不断深入,并伴随着全球人权运动和环保运动的积极开展,社会责任的内涵不断丰富,地位也随之上升。近年来,人们对企业社会责任的理念给予了更多的关注,例如,《财富》和《福布斯》在进行企业排序时,常常将"企业社会责任"作为主要指标之一。可见,积极履行企业社会责任已经被越来越多的企业所认可,并积极纳入战略管理层面。因为企业从战略高度积极管理企业社会责任问题能够很大程度地提升企业的核心竞争能力（Sharma and Vredenburg，1998）。此外，有效实施企业的社会责任，可以提升企业的市场竞争能力（Porter and Kramer，2002）。近年来，一些跨国公司对企业社会责任的投入乐此不疲，将其归纳于自身"可持续发展战略"之中，并在此基础上建立了相关组织机构，例如，公益与慈善、可持续发展，等等。但不可否认的是，这些企业所做的一切工作（包括一些很小的捐助），都与其战略目标一脉相承。基于此，不少企业所期待的各种回报，也会常常毫不吝啬地关注这些企业。

中国古代，儒家文化提倡的仁、义、和等思想，与现代社会责任价值观的概念一脉相承，具有非常重要的借鉴意义。近代社会，也早有"儒商"的说法，然而这些也不过是构成现代企业社会责任的早期伦理道德元素而已。我国企业社会责任问题的理论研究起步较晚，对相关问题研究尚不够完善。近年来，随着中欧企业社会责任论坛在中国的召开，以及媒体对诸多企业社会责任问题的不断曝光，引发了社会各界对企业社会责任问题的高度关注和研究。企业社会责任作为目前一个非常值得关注的话题，其对当代企业的发展也起到了重要的作用。因此，企业需要不断关注新发展起来的国际规则，这样才能满足经济与社会持续发展的客观需要，从而充分展示自己在国际市场上的各种竞争优势。

近年来，无论是学术界还是实践中，企业社会责任都不再被当作标语口号，而是付诸实际行动。企业要想提高自身的竞争力，就必须积极履行企业社会责任。彼得·圣吉指出：一家有能力生存并且不断发展的企业，一定是已经承担过大量社会责任的企业。

从长期来看，企业履行社会责任会给企业带来很多好处，包括利润、声誉以及提升顾客忠诚度等。然而，毋庸置疑，短期内履行企业社会责任会增加企业的交易成本。就目前我国企业来看，虽然有些企业已在自觉地履行企业社会责任，但这些行为通常受到结构因素约束，如制度结构（政策、法律等环境因素）、企业结构（所有制类型、规模、发展阶段、盈利情况）等。如何才能使企业放眼未来，更好地履行社会责任？这就是全社会关注的焦点。

二 研究意义

（一）研究的理论意义

近年来，我国学者对企业社会责任和胜任力的研究关注度大幅提高。然而，对于企业社会责任的研究大多集中于对企业社会责任内容的界定、与利益相关者的关系、与企业绩效或竞争优势的关系上，也有部分研究提到企业社会责任的履行途径，但主要是从宏观调控、法律法规等方面进行阐述。对高层管理者胜任力与企业社会责任的研究很少。

企业社会责任与企业管理者，特别是企业高层管理者存在密切的联系。从管理角色的角度看，高层管理者作为企业发展的核心倡导者，其管理知识、管理技能及管理素质会直接影响并引导整个企业的核心价值观，通过企业价值观管理推动企业的责任管理体系，进而提升企业社会责任的履行。因此，企业高层管理者胜任力的提升对其社会责任的履行起着非常重要的作用。

本书拟从企业高管胜任力入手，通过构建高管胜任力模型，运用理论和实证的方法研究高管胜任力对企业社会责任的作用机理，为高管胜任力和企业社会责任的研究开创了新的视角。一方面，本书在以前文献的基础上，结合高管胜任力特征及研究需要，构建高管胜任力"地壳模型"，这对企业高管胜任力模型的构建及测评工具的开发具有重要的理论意义；另一方面，从1924年谢尔顿提出"企业社会责任"这一概念起，国内外学者对其研究不断深入，先后经历了以下五个研究阶段：定义性研究→规范性研究→描述性研究→解释性研究→应对性研究（2016，周祖诚）。近年来，国内外学者对于以上前三个问题以及企业社会责任能够影响什么已达成共识，研究重点聚焦于企业社会责任的前因，即什么会影响企业履行社会责任和如何促进企业履行社会责任。然而，答案更多的是从宏观的法律法规角度展开，对于微观企业层面的探讨并不多见。本书提出，通过对企业高管胜任力的完善，进一步提升企业责任管理体系，进而加强企业履行社会责任的自觉性与能力。这无疑纵向加深了企业社会责任的理论研究。

(二) 研究的现实意义

随着社会各界对企业社会责任重视程度的不断提高，如何提升我国企业对社会责任的履行已是摆在我国政府和企业面前的迫切任务。自从加入世界贸易组织以来，中国企业所处的环境已经发生了翻天覆地的变化：一是国际环境。国内外贸易伙伴逐渐增多，随之而来的是SA8000、道·琼斯可持续发展指数和多米尼道德指数等一系列标准的压迫。同时，为了监督审核中国供应商和分包商的对社会责任的履行情况，很多国外企业纷纷设立社会责任管理部门。二是国内环境。国内消费者也逐渐意识到，企业应该承担诸如市场、用工、环境以及公益等多方面的社会责任，而不仅仅像以前一样只是为人们提供商品。如果消费者发现企业没有很好地履行这些社会责任，他们就会理所应当地拒绝购买该企业的产品。这将使企业的产品需求量一落千丈，随之而来的是市场占有率萎缩，最后被赶出市场。可见，在国内外环境的双重压力之下，许多企业的社会责任意识也在加快成熟。

对于企业社会责任的认识历程，中国企业经历了以下逐渐演变的过程：拒绝承担社会责任（refuse to do）→推诿社会责任（shirk to do）→被迫承担社会责任（have to do）→乐意承担社会责任（nice to do）。加入世界贸易组织后，中国企业真正面临社会责任对商业模式的冲击。其后短短的几年间，国内外各种社会责任理论蜂拥而至，这些理论有些成熟、有些尚需论证，导致大多数企业决策者都经历了一个耳边喧嚣、无所适从的启蒙时代。然而，随着对企业社会责任认识的不断加深，口号浪潮对企业的影响正在冷却，越来越多的企业更加注重实际企业社会责任的履行。截至2014年10月31日，中国社会科学院企业社会责任研究中心共收集到社会责任报告1526份，相比2006年的32份增长了50倍。可见，我国企业社会责任报告已呈现"井喷式"增长。这充分表明无论是企业还是监管机构，都正在积极摆脱启蒙时代的宏大命题干扰，试图建立符合自身实际的责任管理体系。

本书拟通过理论剖析和实证研究，提出提升企业社会责任的有效途径——加强高层管理者胜任力的管理。高层管理者胜任力与企业社会责任关系的研究可以为企业提供承担社会责任的有效方式，并能够指导其进一步付诸行动。因此，本书也可以给企业履行社会责任提供新的指导与建议，帮助其通过完善高管胜任力，找到提高企业履行社会责任的内部有效途径；同时也为企业获得更多的社会认可，创造并保持竞争优势提供一条新的思路。[1]

综上所述，本书紧密联系企业在市场竞争中所面临的实际问题和需要，以利益相关者理论、资源基础理论等为基础，实证地探讨高管胜任力对企业社会责任的作用机理。在理论上，能够为高管胜任力和企业社会责任研究提供新的研究视角，拓宽了现有研究的领域；在实践上，本书对企业借助高管胜任力提高其履行社会责任的意识和能力具有重要的理论依据和指导意义。

第二节 研究内容与研究方法

一 研究内容

管理学等理论对于企业高层管理者胜任力的忽视在很大程度上制约了其理论的发展。同时，如果仅将高管的胜任力视为个人行为，而忽视了其在企业中的作用，忽视了其对企业社会责任管理等

---

[1] 中国社会科学院经济学部企业社会责任研究中心：《2014年中国企业社会责任的报告》。

因素的影响，即使将企业高管纳入理论研究范畴，仍旧难以探讨企业社会责任与高层管理者胜任力关系的深层问题。因此，结合以前学者的观点，对企业高管胜任力与企业社会责任的关系等因素进行实证分析，能够拓展已有的研究领域，得出一个更全面的、更具解释力的关于企业社会责任和高管胜任力的理论框架。这正是本书的研究目的与出发点。

针对上述分析，本书试图解决以下几个关键性问题：

（一）企业社会责任的分析维度及测量指标

在借鉴相关国内外学者及组织理论研究的基础上，结合全书主旨，本书提出企业履行社会责任的四个分析维度（见图1-1），即市场责任、用工责任、环境责任和公益责任。在此基础上，通过因子分析等方法确定了各维度的量化指标，为后续实证研究打下了坚实基础。这样不仅更加科学地界定了企业社会责任的研究框架，而且为企业社会责任的履行提供了实践依据。

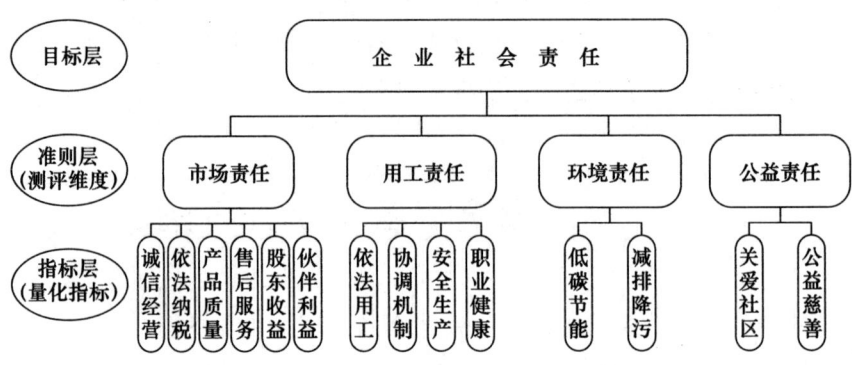

图1-1　企业社会责任的测评指标体系

（二）企业高层管理者胜任力的分析维度及测量指标

企业高层管理者是企业生存与发展的领航人物，并对企业战略的制定与实施起着关键性的作用。高管胜任力的不断完善不再是一种个人意愿与行为，而是企业健康成长的重要保障。对企业高管胜任力进行科学的量化研究，不仅拓展了其理论研究范畴，而且为企业的各项发展提供了理论指导，更是企业社会责任履行的强大支撑。

在借鉴以前学者经典的研究基础上，结合企业社会责任所需的保障体系，本书将企业高层管理者胜任力划分为三个分析维度（见图 1-2），即管理知识、管理技能和管理素质。并按照高管胜任力挖掘和提升难易程度，提出三个维度之间的内在逻辑关系——"地壳模型"，即"地壳"——管理知识、"地幔"——管理技能和"地核"——管理素质。也就是说，管理知识相当于地球的地壳层，属于最容易被发掘和培训的部分，是作为企业高管表层的要求；管理技能相当于地幔层，其提升难度介于管理知识和管理素质之间，也是企业高管所必须具备的；而管理素质作为企业高管最核心的胜任力要素，其挖掘和提升的难度最大，但同时也是企业高管最核心的胜任力要素，是其发挥作用的指挥中枢。本书对高管胜任力的维度划分及其具体测量指标的确定，不仅在理论分析及定性研究的基础上提出有关企业高管胜任力的定量研究框架，而且对于深刻理解企业对其社会责任的作用也具有十分重要的理论意义。

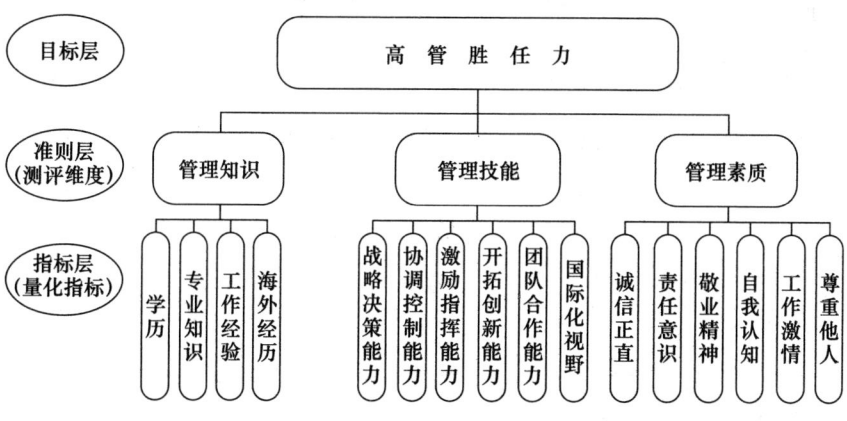

图 1-2　高层管理者胜任力测评指标体系

(三) 企业社会责任的履行与高层管理者胜任力的理论框架

通过对企业社会责任和高管胜任力理论的剖析可以发现：高管胜任力，如管理知识、管理技能及管理素质的加强有利于企业制定和实施更加符合自身的、完善的社会责任管理体系，从而促使和提升社会责任的履行（见图1-3）。

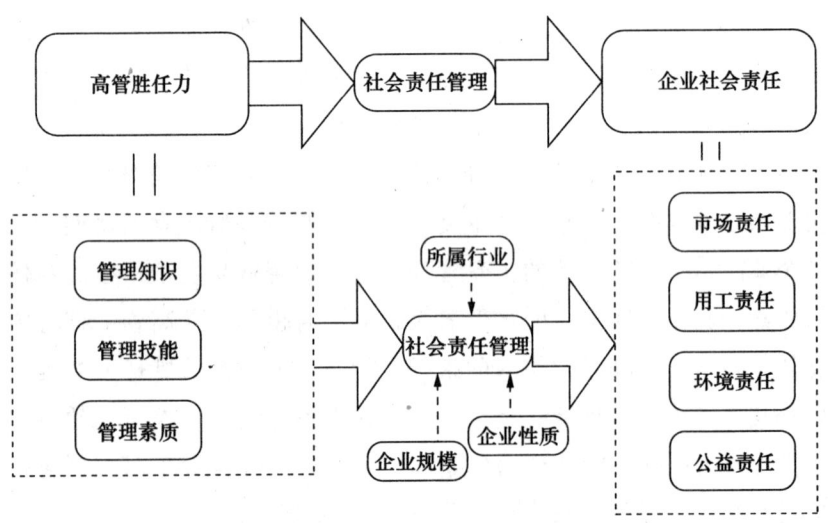

图1-3　EC→CSR 概念模型

同时，全面的责任管理体系不断深入，使得企业的每一位员工都具有先进的社会责任理念，从而使社会责任更好地融入企业的战略规划中，并得到公司全体员工的忠实拥护。这样，企业在不断变化的市场竞争中能够做到更好的以不变应万变。正如沃尔特·迪士尼所言："当你知道自己的价值观是什么的时候，决策就不再是一件困难的事情。"

(四) 企业社会责任的履行与高管胜任力的实证研究

首先，根据对企业社会责任的履行与管理者胜任力的维度分析，以及以上理论框架，提出研究假设。并利用因子分析法、专家意见等方法，剔除部分假设，得出最终研究假设；接着，通过大量的企业调研数据，对假设进行验证分析；最后，以国家电网公司和华为技术有限公司作为代表案例，进一步对研究提供有力支撑。

（五）本书对企业和政府的应用价值

运用以上理论探索及实证分析，本书充分论证了高管胜任力对企业社会责任的作用机理，提出通过完善高管胜任力来提升企业社会责任履行的观点。并在此基础上，提出了针对企业和政府的策略建议，充分体现了研究的现实意义。

二 研究方法

研究对象决定研究方法的类型，即应以研究目标、研究对象为出发点来选择何种研究方法，从而使研究任务宗旨顺利完成。李怀祖（2000）认为，目前，管理学研究的论证途径可分为两大类：理论研究和实证研究，分别反映演绎法和归纳法的思维方式。为了研究的需要，并使结论更具有普遍适应性和实际应用价值，采用理论分析与实证检验相结合的方法，在文献梳理、企业访谈、调查研究的基础上，主要采用以下研究方法：

（一）实证分析与规范分析相结合的方法

这种研究方法得到西方经济学界的公认，也可以称为成熟的研究范式。实证分析研究"是什么"的问题，规范分析研究"应该是什么"的问题。本书以陕西企业为主要研究对象进行抽样调研，对研究模型的自变量和因变量进行相应的统计检验和比较分析，并通过结构方程模型对模型所提出的各个假设进行检验。实证分析方法具有突出的特点，即指出研究对象"是什么"，具有何种特征以及说明该对象在一定条件下会发生何种变化，产生怎样的结果。然而，此方法只能描述研究对象"是什么"，并不能指出其"应该是什么"。按照研究要求，一定的价值判断必然应作为研究出发点和落脚点，从而提出研究对象"应该是什么样"，而"不应该是什么样"，做出一定条件下事物发展结果"好或坏"的判断，并阐述做出这种选择，而不是其他选择的原因，有非常重要的理论意义。若只有实证分析方法而得到研究结论,就会有失偏颇。因此,本书将大量的规范分析方法作为补充,这样就会使整体研究更加丰满、可信。

在分析过程中,本书将使实证分析与规范分析紧密结合,运用数据资料进行实证分析,以说明管理者胜任力对企业社会责任的履行之间的现实性;并以社会责任管理理论为基础,通过对相关文献的整理与分析,归纳总结已有的研究成果,从而为本书奠定理论基础,在此基础上运用规范分析法探讨了基于社会责任管理的中介作用的高管胜任力对社会责任的履行的作用机制,并在理论分析及企业调研的基础上,找出典型企业,对其进行系统的案例描述,进一步对假设的检验结论提供有力支撑。

(二)定性分析与定量分析相结合的方法

定性分析与定量分析是管理学研究的重要方法。定性分析是指研究者根据直觉、经验等对研究对象进行"质"的方面的分析,即运用归纳和演绎、分析与综合以及抽象与概括等方法,对获得的资料进行思维加工,从而去粗取精、去伪存真、由此及彼、由表及里,达到认识事物本质、揭示内在规律;定量分析是根据统计数据,建立数学模型,计算出数据的各项指标和数值,并对研究对象的数量特征、数量关系与数量变化进行分析,从而揭示研究现象的相互作用和发展趋势。可见,两种研究方法相辅相成,前者是后者的基础,后者是前者的具体化。只有两者相结合的研究,才会得到更加广泛且深入的科学结论。

本书将对企业社会责任的履行及管理者胜任力进行适当的定性归类,并在此基础上,选取适当的企业高管作为研究对象,通过文献检索、问卷调查、半结构化访谈等方法收集相关数据和信息,并采用定量分析的研究方法对其进行处理。在企业社会责任与高管胜任力的测评分析中,将运用因子分析法、层次分析法、结构方程模型和模糊综合评价等定量分析工具。

第三节 研究思路与研究框架

一 研究思路

本书首次将企业社会责任与高层管理者胜任力的关联性作为一个独立的主题展开系统的研究,试图在评述以前企业社会责任和高管胜任力各自的研究基础上,阐述高层管理者胜任力对企业社会责任的作用机制,进一步构建企业社会责任与高管胜任力的概念模型,并进行实证研究。

根据研究主题的需要,本书将按照提出问题→分析问题→解决问题的步骤进行研究,拟研究企业社会责任的履行与高管胜任力的关系(见图1-4)。

首先,提出问题。通过对文献的整理研究及对企业的调研访谈,提出研究问题,即企业社会责任的履行与高管胜任力的关系研究。

其次,分析问题。在相关方法论依据和经典理论的基础上,构建研究的概念模型,即基于社会责任管理理论的中介效应分析高管胜任力对企业社会责任的作用机制,并提出研究假设。

最后,解决问题。通过企业调研,得到大量样本数据,对其进行统计描述及实证检验,并通过案例分析,验证研究假设。在此基础上,提出企业和政府应采取的对策建议。

二 研究框架

本书共七章,在分别对企业社会责任和高管胜任力维度分析的基础上,进行两者的关系实证研究(见图1-5)。

第一章介绍本书的研究背景与意义、研究内容与方法、研究思路与框架,以及本书的特色和创新点等内容。

第二章分别回顾了企业社会责任、责任管理及高管胜任力的相关理论研究，整理出现有文献的贡献和不足，为后面的研究奠定了坚实的基础。

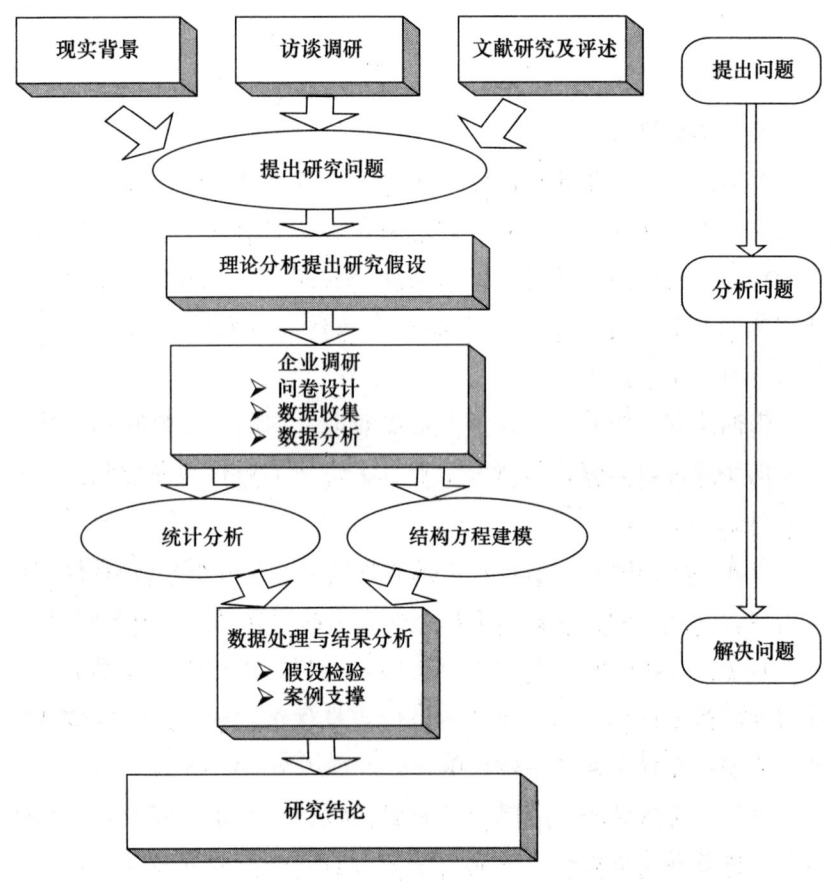

图1-4 研究技术路线

第三章通过方法论依据和研究模型的理论依据，为后续研究奠定理论基础；并通过社会责任管理理论的中介效应，构建高管胜任力对企业社会责任履行的概念模型；最后，通过理论分析，提出研究假设。

第四章概述调查问卷的设计及收集过程，并介绍问卷回收情况及对数据进行整理，为下一章的实证研究打下基础。

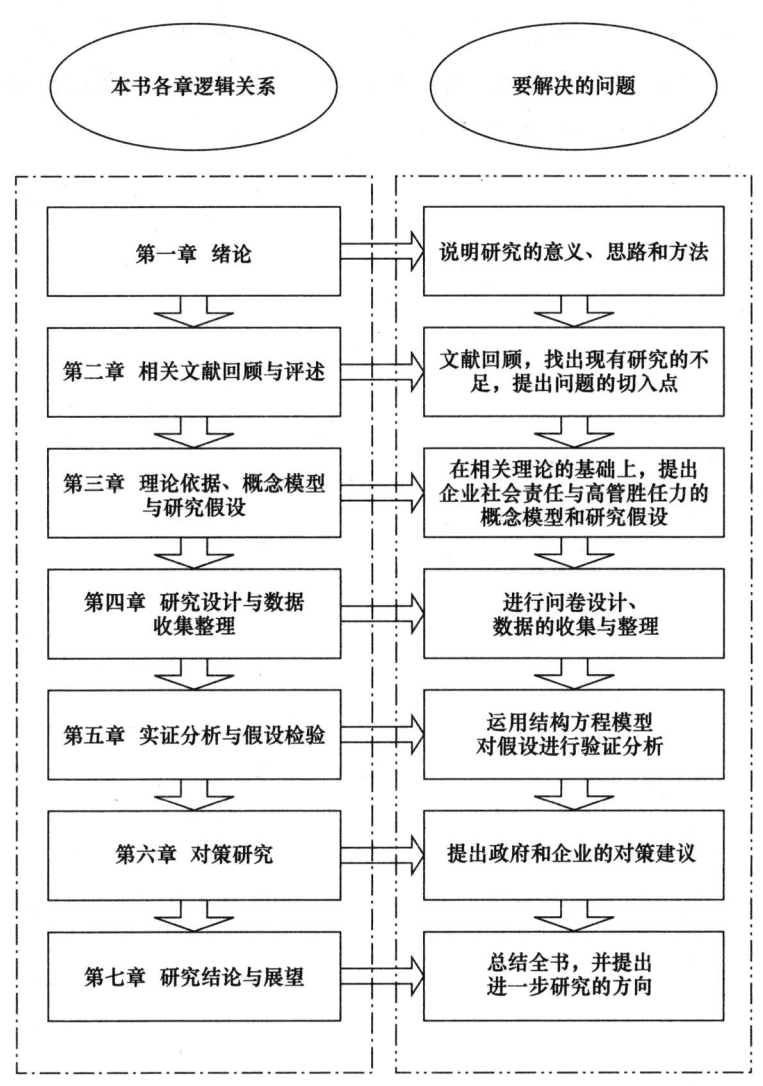

图1-5 本书结构

第五章对数据进行信度和效度检验，利用结构方程模型对假设项目进行验证性分析，并通过典型案例为研究结论提供支撑。

第六章针对前几章的研究结论，分别为企业和政府提出战略及政策建议。

第七章对整个研究及所得到的结论进行全面回顾，对发现的问题进行探讨，进一步阐明研究的理论和实践的意义，并指出研究中存在的问题及下一步的研究方向。

第二章 相关文献回顾与评述

本章将对企业社会责任、责任管理及高管胜任力相关理论的研究进行梳理，并在总结以往研究的基础上，找出现有研究的重要价值及不足之处。

第一节 企业社会责任研究文献综述

20世纪以来，全球性的国际社会责任运动广泛开展，社会责任概念的内涵越来越复杂，其判断标准也日益繁多。企业社会责任的要素不仅包括股东利益，也包括客户和员工利益，同时还应不破坏环境，坚持可持续发展，重视企业在非商业层面的社会贡献，为社区和更大范围的人群提供服务。从另一个角度讲，社会责任并不仅仅理解为传统意义上的捐款捐物，还应该不歧视任何群体，创立良好的公众形象，同时也意味着企业与利益相关者之间的关系和谐，在可持续发展的框架内，用创造性的方式调动所有相关利益者积极参与，来满足全人类的生产、生活的需要和解决面临的问题。

一 企业社会责任的起源与发展

20世纪50年代，以企业社会责任理论的演化为标志，预示着企业社会责任时代的来临，到20世纪60年代，其理论范畴得到了极大的延伸，70年代，社会责任理论体系初步形成。从80年代开始，理论体系的拓展开始减缓，出现了实证分析研究热潮，利益相关者、企业社会表现、商业伦理等衍生性理论开始成熟。90年代以后，随着研究与实践的继续发展，作为理论框架的核心"企业社会责任"依然存在，但衍生性理论正在逐渐成为企业社会责任理论的主体出现替代企业社会责任理论架构的原有内容。

（一）企业社会责任的萌芽时期

虽然企业与社会关系的思考研究是在有了企业以后才开始的，但是这种思想的萌芽可以追溯到企业产生之前。

在西方国家资产阶级革命之前，逐利活动被认为是违背宗教精神的。商人和手工业者社会地位低下，商业和利润被视为不义之财（张礼萍，2003）。文艺复兴之后，重商主义日趋盛行，商人的社会地位开始逐渐提升。特别是17世纪，工场手工业规模逐渐开始扩大，慢慢地演化为原始的私人企业，积累的资本也越来越多。亚当·斯密在《国富论》中阐述的个人的利己行为有助于社会的整体福利的思想，对后世产生深远的影响；在《道德情操论》中阐述了人本性中的利他性和同情心抑制了人利己心的过度膨胀。

19世纪以后，西方工业发展迅速，企业中出现专门的管理阶层，企业不再是企业主的个人财产。同时受社会达尔文主义的弱肉强食、适者生存影响，追求利润最大化是企业存在的唯一目的得到了普遍的承认。因此，盛行"社会达尔文主义"在一定程度上阻止了企业的善行。

20世纪初，为减轻企业对社会带来的负面影响，缓和当时的劳资矛盾，受传统的宗教信仰和商人道德伦理的影响，一部分有远见的企业主开始积极改善企业与社会的关系。杰夫（Geoff，2001）就曾经指出："企业社会责任的思想来源于宗教和神学的思想家，首先是要求社会的富人援助穷人；其次是上帝的雇员的原则，圣经要求人们把自己看作是上帝的雇员，努力工作，财富是属于上帝和社会的，自己只不过是暂时的保管者。"

20世纪20年代，出现了受托人观、利益平衡观和服务观三种支持扩大企业社会责任的观点（T. 德乔治，2002）。此时，德国的公司法学者主张对公司赋予公共性，第一次提出了企业社会责任概念，即抛开社员个人的利害关系，将公司从其法律根基的社员中分离出来，并赋予相应的责任，从国民经济的立场上保护并维护公司（张志强、王春香，2005）。部分企业家由于道德和信仰的缘故同时也为了减少劳资矛盾开始自觉地承担社会责任。然而，只有部分企业能够做到这些，社会的广泛认识依然是追求利润最大化，企业社会责任并没有变成一种普遍的社会要求。

我国古代，自秦朝商鞅变法以后，也出现过同样的情形，工商业者的社会地位一直是社会的底层。元明时期，人们甚至认为工商业者是为富不仁之徒，严重威胁社会秩序。清朝以后开始鼓励工商废除匠籍。但由于传统儒家文化的影响深远，商业活动对利润的公开追求会被整个社会所看轻，仅仅被看作是济民的手段。经世济民、重义轻利、乐善好施是社会对商人的道德要求。

(二) 企业社会责任时代的开启：20世纪50年代

18世纪以前企业社会责任思想开始出现，但是20世纪后半叶关于社会责任的理论论述正式出现。也许是当时现代企业在商业中还未显现出它的显著和主导优势，或者人们并没有认识到这种优势，早期关于企业社会责任的文献中，社会责任（SR）被更多地提及，并非企业社会责任（CSR）。

鲍恩的《商业人士的社会责任》开启了企业社会责任时代，具有里程碑式意义。鲍恩认为，社会上数百个最大的商业体是权力和决策的中心，商业体的行为将会触及社会公民生活的方方面面。这种观点也引发了许多思考，其中具有重要意义的是"哪些对社会的责任是社会期望商业人士承担的，并且这种期望是合理的"（Bowen, 1953）。基于此，被称为"企业社会责任之父"的鲍恩开创性地表述了企业社会责任的观点，给商业人士的社会责任设定了一个初始化的定义："商业人士负有对社会的义务在于执行的政策、制定的决策、采取的行动要和整个社会的目标和价值相一致"（Bowen, 1953）。鲍恩的企业社会责任观点为现代企业社会责任研究打上了明确的烙印。尽管不是万能药，但是，社会责任包含了可以引导未来商业发展的重要事实。

鲍恩的社会责任定义是20世纪50年代主要的理论文献。1970年，希尔德（Heald）对早期和当时商业界有关企业社会责任的应用与实践进行了评述，在这本《商业社会责任：企业与社会（1900—1960）》中，发现当时理论界和企业界主流思想和发展的潮流与鲍恩企业社会责任的观点都是一致的（Heald，1970）。《财富》杂志在1946年组织学者做了一项针对商业人士的社会责任调查，普遍认为企业社会责任或称是管理者的"社会意识"意味着商业人士对于商业行为所带来的后果负有责任，而后果所涵盖的范围比商业的盈亏广泛（Carroll，1999）。相关的调查结果显示，受调查商业人士中有大约93.5%的人同意鲍恩关于社会责任的表述。

（三）企业社会责任理论的延伸和发散：1960—1970年

企业社会责任的文献著述在20世纪50年代及其之前是很稀缺的，60年代此类文献得到显著发展，研究者们尝试能够将企业社会责任公式化，从而严格界定企业社会责任所代表的含义。戴维斯（Davis）是这一时期最具影响力的研究者，他在此后的商业与社会的教科书和论文中对此进行了更为广泛的论述。戴维斯（1960）认为，社会责任是一个比较模糊的概念，所以必须放在管理的背景下来看待。七八十年代，他认为在一个较长的时期内被证明是正确的履行社会责任的商业决策是可以的，由于可以给企业带来长期经济效益，企业对社会履行责任的报偿的观点获得广泛的认同。后来戴维斯提出了著名的"责任定律"（关于社会责任与商业影响力关系）——"商业人士的社会责任必须与他们对社会的影响力相对称"。他进一步论证道，"如果社会责任与影响力是相对均衡的，那么对社会责任的逃避将会带来影响力逐渐消退"（Davis，1960）。戴维斯由于对早期企业社会责任理论研究的巨大贡献，被认为是鲍恩"企业社会责任之父"的继承者。

另外，对社会责任理论进行研究和探索的学者还有弗雷德里克和麦奎尔（Frederick and McGuire）。麦奎尔（1963）把社会责任定义为在经济与法律义务之上的延伸，明确了企业应该关注的责任。这一陈述也成为商业伦理和企业公民理论的基础。

经济发展委员会在1971年发布的《商业企业的社会责任》注意到商业和社会之间的社会契约已经发生了实质性重大变化，对企业社会责任的概念的界定具有划时代的意义。"商业被期望承担比以往时候更加广泛的对社会的责任，并服务于更广泛的人类价值。"

企业社会表现（Cooperate Social Performance，CSP）和企业社会责任一样在20世纪70年代被越来越多地提及。塞西（Sethi）是一个主要的研究者，他讨论了"企业社会表现的维度"，企业的社会行为被分类为"社会义务""社会责任"和"社会响应"（Sethi，1975）。塞西认为，社会义务是强制性的，而社会责任是说明性的，他把社会响应看作是企业行为对社会需求适应，这一阶段是预判性和防御性的（Ackerman，1973）。

卡罗尔（Carroll）提出的企业社会责任四部分定义是整个20世纪70年代具有里程碑意义的理论成果，该研究成功地把企业社会责任植入企业社会表现的概念模型之中。卡罗尔给出了以下定义："商业的社会责任涵盖了在一个特定的时间点，社会对企业的经济、法律、伦理和自由决定的期望。"（Carroll，1979）

（四）20世纪80年代：较少的定义，更多的研究

对企业社会责任本身的研究取代企业社会责任定义更精确的或创新性的理论研究，如企业社会响应、企业社会表现、商业伦理、公共政策和利益相关者的研究成为20世纪80年代企业社会责任理论发展的特点，导致新理论衍生代替原先一致讨论概念的含义。但是研究者对于企业社会责任的核心关注开始变为对衍生理论的概念、理论、模型等的研究。

1979年卡罗尔提出了企业社会责任四部分定义，随后在1983年进行了调整，指出"企业社会责任包含了盈利、守法、合乎伦理和支持社会的商业行为。履行社会责任意味着营利性和对法律的遵

守是讨论企业伦理和企业以其资源支持社会程度的最主要条件。所以企业社会责任包括以下四部分：经济、法律、伦理和自愿或慈善"（Carroll，1983）。因为自由决定行为的最好的例子是自愿的或慈善的行为，于是卡罗尔重新定义为自愿或慈善为自由决定的部分。

20世纪80年代的研究者们兴趣越来越集中在对于实施企业社会责任与企业财务绩效之间的关系上，最经典的研究有科克伦和伍德（Cochran and Wood）两人，他们把履行社会责任的企业盈利与否作为实证研究的背景，师徒得出积极的研究结果，作为支持企业社会责任运动新的依据。科克伦和伍德通过不同的方法对社会表现与财务绩效之间的关系进行分析，并采用声誉这一指标作为企业社会责任的衡量标准。莫斯科维茨（Moskowitz）构建了声誉指标体系，将企业分为"卓越的""鼓励性的"和"极差的"（Moskowitz，1972）。然而，研究者本人也承认这一指标体系存在明显的缺陷，因此需要发展新的企业社会责任指标体系（Cochran，Wood，1984）。

1985年，Aupperle、Carroll和Hatfield也对企业社会责任与营利性之间的关系进行了积极的探索和实证研究。首次用企业社会责任的衡量标准作为企业社会责任的定义结构并继承了卡罗尔（Carroll）的企业社会责任定义，在此基础上把定义划分为"关注经济绩效（经济责任）"与"关注社会（法律、伦理和自由决定的责任）"（Aupperle，Carroll and Hatfield，1985）。实质上，Aupperle等也承认：人们更愿意把经济责任看成是企业为自己所做的事情，而不是人人把经济责任视为社会责任的一部分。因此，评价一个企业对社会的关注程度可以通过分析企业对三个非经济成分责任的重视程度。

20世纪80年代，越来越多的研究者接受了企业社会表现概念，并把企业社会表现看作是一个更全面、更广泛的理论，并把企业社会责任归于其中，沃蒂克和科克伦（Wartick and Cochran）在卡罗尔的"责任—响应—社会问题"三维模型基础上进行了拓展，主要是把"责任—响应—社会问题"的结构进行拓展，使之变成为"原则

—过程—政策"的模型（Wartick and Cochran，1985）。这与本书将要研究的"思想—行为—结果"模型的系统思想有着异曲同工之妙。

（五）20世纪90年代以来：理论的进一步拓展与检验

整个20世纪90年代企业社会责任是作为其他相关概念和理论的基石而存在的，造成许多新的理念都包含了企业社会责任。其理论几乎没有什么发展，企业社会表现、利益相关者理论、商业伦理理论以及企业公民等相关的理论在此阶段成为核心。直到21世纪初，企业社会责任的研究领域才出现了资源基础理论、企业动态能力理论和企业成长。

伍德在20世纪90年代对企业社会表现模型进行了修正。在卡罗尔的三维模型及沃蒂克和科克伦模型基础上建立了新的模型，并讨论了对于企业社会表现的诸多观点。后来，伍德（1991）继续对上述模型进行分析研究，形成了三个原则：（1）分别研究卡罗尔所定义的四种责任在制度、组织与个体层面的联系；（2）不同层面的企业社会响应过程的问题管理；（3）将沃蒂克和科克伦的政策维度和卡罗尔的社会问题维度总结为企业行为"关注—结果"维度。这种模型总的来说更加全面、详细，强调结果或表现，所以被认为是非常重要的贡献。

1991年，卡罗尔对他前期研究成果企业社会责任四部分定义进行了完善，正式确定自由决定的责任为慈善责任，并表明"有责任心的商业人士已经接受了企业社会责任，所以需要给企业社会责任加上一个外框，使其涵盖全部的商业责任"（Carroll，1991）。企业社会责任的全部由经济、法律、伦理和慈善四种社会责任构成一个"金字塔"的结构（见图2-1）。

20世纪90年代，企业社会表现、商业伦理和利益相关者理论三个企业社会责任的衍生概念引起了越来越多的研究者关注。进入21世纪以后，企业公民这一概念又引起人们浓厚兴趣。德克·梅滕（Dirk Matten）通过研究指出，在一个长期研究企业与社会之间关系概念化的进程中，企业公民体现了一种进步。企业公民的含义有广

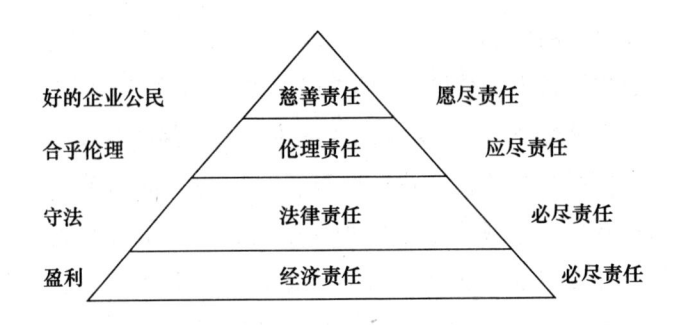

```
好的企业公民        慈善责任        愿尽责任
合乎伦理            伦理责任        应尽责任
守法                法律责任        必尽责任
盈利                经济责任        必尽责任
```

图 2-1　企业社会责任金字塔模型

义也有狭义，定义的方式决定了这一概念和前期的理论有不同程度的交叉。

21世纪以来，企业社会责任的研究既有理论的发展也有对企业社会责任指标体系的拓展实证研究。近几年，随着相关学者对利益相关者理论的深入研究，其不足之处也逐渐显露，忽视了企业自身能力的问题而多从外部的利益相关者角度研究，因此，如何有效提升企业社会责任得到越来越多学者的关注，特别是通过提升高管胜任力来加强企业社会责任的履行问题的研究还处于起步阶段，在国内外的文献相应的实证检验还很少见到。

二　企业社会责任的内容及维度

从20世纪30年代以来出现了大量关于企业社会责任内容的论述，其代表性的研究如表2-1所示。

表 2-1　　　　企业社会责任内容的代表性研究[①]

代表人物	企业社会责任的解释
伯利（A. A. Berle，1931）	企业是营利性组织，追逐利润是企业安身立命之所在

---

① 企业社会责任的不同定义是按照时间顺序排列给出的，它并没有完全代表企业社会责任概念的演进历程。

续表

代表人物	企业社会责任的解释
巴马德（Bamard, 1938）	组织的决策必须分析环境、经济、法律、社会等方面因素
赫伯特·西蒙（Herbert Simon, 1945）	企业的决策应该考虑价值的方面，承担超越盈利之外的责任
鲍恩（1953）	企业根据社会的价值观念和目标来决策和行为的职责
德鲁克(1954/1972)	管理必须考虑每个商业行为对社会的影响，积极遵守法律，不做危害消费者、员工和社会的事，即使这些事并非法律所禁止
戴伦斯（1954）	企业的决策和行为被认为是合理的，至少部分超越其经济和技术的利益
米尔顿和弗里德曼（Milton Friedman, 1962）	企业的唯一责任是在一定的规则范围内追求股东利益最大化
麦奎尔（1963）	企业除履行经济和法律责任之外关心社会福利的义务
经济发展委员会（1971）	用三个圆圈表示企业社会责任：内圈是经济责任；中圈是在执行经济职能时，对社会的价值观和优先权采取一种积极的态度；外圈是积极参与改善社会环境
厄恩斯特和厄恩斯特（Ernst and Ernst, 1971）	CSR 的六大范围：环境（污染控制、产品改进、环境治理、废旧物回收），机会平等（种族、妇女、弱势群体、地区平等），员工（安全与健康、培训、个人咨询），社会（公益活动、健康、教育与文化），产品（安全、质量），以及其他（股东、信息公开等）
埃伯特和帕伯（Eilbert and Parbe, 1973）	理解企业社会责任的最好方法是把它看成一个好邻居，一方面，企业不应该做损害邻居的事情；另一方面，它应该自愿承担帮助解决邻里问题的义务
伊尔斯和沃尔顿（Eells and Walton, 1974）	社会责任代表了一种对超越了纯粹经济目标的社会需要的关心，一种对企业在支持和改进社会秩序方面的广泛关心

续表

代表人物	企业社会责任的解释
肯尼恩·戴顿（Kenneth Dayton, 1975）	企业不仅应该实现股东利益最大化而且应该服务社会
迈克尔·诺瓦克（Micheal Novak, 1983）	企业除获取经济利益外，还应该提升人类的合作与尊严，保护对人类社会至关重要的自由的道德生态环境
弗里曼（Freeman, 1984）	企业负有的满足多方面的利益相关者利益要求的责任
史密斯（Smith, 1988）	企业社会责任，只不过是一种宣传工具而已，这一词语从未对企业的行为标准做过描述，仅仅是充当企业、管理者及消费团体之间相互斗争的武器罢了
李哲松（1989）	"企业社会责任"一说有违企业的本质。企业乃纯粹的营利性团体，企业保有一传统的、固有的本质，在资本主义社会中才能起到作为企业手段的应有作用
安德森（Anderson, 1989）	企业和社会都采取适当的法律、道德伦理和慈善行为以保护和改善企业和社会作为一个整体的福利
鲍伊（Bowie, 1995）	企业的生存和繁荣离不开社会的资源，企业的税负根本不足以偿还这些资源，企业应该帮助解决社会问题
唐伯森（Donaldson, 1995）、万建华（1998）	企业的发展前景有赖于企业管理层对利益相关者的利益要求的回应质量，企业对于社会负有包括经济责任、法律责任、道德责任和慈善责任在内的多项责任
企业社会责任协会（1997）	企业的经济活动符合或者高于法律、伦理、环境和社会期望的标准
SAI组织（1999）	企业对员工的责任
世界商业可持续发展委员会（2000）	企业支持承诺的企业行为符合伦理要求、为经济发展做贡献，致力于改善员工及家庭，以及社区和社会整体的生活质量的责任

续表

代表人物	企业社会责任的解释
欧洲议会（2000）	企业社会责任不仅意味着企业行为符合法律规定，而且要积极改善环境、人力资本和利益相关者的利益
韦伯·莫尔（Webb Mohr, 2001）	企业承诺承担的最小化或者消除对社会有害的影响，最大化对社会长远的有利的影响责任
SA8000（2001）	包括童工、强迫劳动、安全卫生、结社自由和集体谈判权、歧视、惩罚性措施、工作时间、工资报酬及管理体系九个要素规定
伊萨贝尔和戴维（Isabelle and David, 2002）	企业对社会、顾客、员工、股东、供应商的全面责任
陈宏辉、贾生华、李丽（2003）	企业在履行其囊括显性契约与隐性契约在内的综合性社会契约时，必须考虑利益相关者合理的利益，企业社会责任不过是发达国家设置的国际贸易壁垒
梅杰（2005）	公司在理论上有三种责任，除为出资人的利益考虑之外还有三个主要方面，第一个是雇员，第二个是顾客，第三个是社会，也就是社区层面
盖拉因·瓦尔（Guylaine Valle, 2005）	CSR 是指企业决策过程中考虑除股东之外的其他利益群体，如员工、消费者、供应商、社区或者社会整体的利益
北京大学民营经济研究院（2006）	企业对股东权益、社会经济、员工权益、法律责任、诚信经营、公益责任和环境保护的责任
金碚等（2006）	企业对生产性环保支出、劳工社会保障投入以及纳税的责任
徐尚昆、杨汝岱（2007）	提出中外分别独有的社会责任概念范畴
ISO26000（2010）	任何组织对其决策及活动给社会及环境造成的影响承担的责任

资料来源：笔者根据相关资料整理。

特别强调的是，2010年11月1日，国际标准化组织（ISO）颁布了社会责任指南标准（ISO26000），首次正式出台了社会责任标准。[①] 它第一次在全球范围内形成对社会责任概念的共同理解，明确提出统一的社会责任内涵，遵守法律并符合国际行为规范，考虑相关方利益，促进可持续发展，增进社会福利和健康。人们对CSR走出误区，达成了共识。

企业社会责任的内容及维度存在多样化，随着企业社会责任概念的衍生和扩展，其研究的内容与维度不断丰富和具体化。主要观点有以下几种。

（一）一维论

一维论学者认为，追求企业利润是企业的唯一责任，其代表人物是哈耶克和弗里德曼（Hayek and Friedman），1960年，哈耶克认为，企业应当把为出资人的受托者赚取长期利润作为唯一的目的，1970年，弗里德曼也认为，企业的职责是在法定的范围内为企业所有者或股东追求利润。

（二）二维论

1980年，斯坦纳和加洛（Steiner and Gallo）把企业社会责任分为内在和外在两种，斯坦纳认为，内在社会责任是员工自身得到提升和认可，外部条件改善；外在社会责任包含团体的创业精神等。

加洛认为，内部社会责任包括向社会提供满意的产品（或服务）、企业内部人员的全面发展、创造经济财富、确保企业的持续发展；外部社会责任主要是纠正或阻碍对社会良好事务破坏行为的努力。

1983年，弗雷德里克则将企业社会责任分为强制性责任和自愿性责任，强制性责任是指政府法令规定的责任，包括了维护就业机会平等、防治污染和保护消费者等；自愿性责任包括协助推动社区活动、慈善捐献和为政府解决国家和地方性问题提供参考。

[①] http://www.iso.org/iso/iso_catalogue/management_and_leadership_standards/social_responsibility.htm.

我国学者杜中臣认为，社会性质及其经营方式的自由能力是企业担负社会责任的依据，就其内容来说，企业的社会责任分为内部责任和外部责任；就其实现方式来看，有劳工组织、协会、消费者的倡导、监督，政府的行政行为、认证及企业自愿担负责任。其他代表人物有王金顺和尤力（1990）、卢代富（2001）、刘凤军（2007）等学者。

（三）三维说

1971年，美国经济发展委员会形象地用三个同心圆来解释企业社会责任的内容，积极投入改善社会环境的责任是外圈责任，配合社会价值的变化而执行经济职能的责任是中圈责任。1975年塞西提出了企业满足社会需要的社会义务、社会责任和社会响应三维行为模型，即企业对法律约束和市场力量做出反应的行为和符合盛行的价值和期望、社会规范的企业行为以及对社会变迁做长期性准备的行为。2003年，施瓦茨和卡罗尔（Schwartz and Carroll）将企业社会责任划为三个领域即经济、法律和道德。

2003年，陈志昂和陆伟等国内学者提出过类似的观点，把企业社会责任划为三个层次，分别为法规层、标准层及战略和道义层，并提出了企业社会责任（CSR）三角模型。厉以宁认为，企业的社会责任应从三个方面来认识：（1）优质的产品和服务、贡献人才与经验；（2）重视经济增长的质量；（3）促进和谐社会建设。根据社会责任与企业关系的紧密程度的不同，2005年，陈迅和韩亚琴也把企业社会责任分为基本、中级和高级三个层次，即对股东负责和善待员工；对消费者负责、服从政府领导、与社区搞好关系和环境保护；积极慈善捐助以及热心公益事业。2007年，陈淑妮将企业社会责任分为企业的个体责任、市场责任和公共责任三方面的内容。2008年，顾庆良认为，企业履行社会责任整体上具有三个层次：第一层责任是最低限度，创造良好的工作环境并对员工的诚信、保障员工的合法权益的责任需求，第二层责任是超越第一层最低限度的积极职责，第三层责任是对责任追求最高目标，把企业社会责任作为企业自身的追求，典型的责任如对公共环境的责任。

（四）四层次型

目前学术界广泛采用的经济责任、法律责任、伦理责任和慈善责任四层次型企业社会责任（Carroll，1979，1991）。经济责任如提供质量合格公正的产品，满足股东、员工和企业生存所需要的物质需要，主动缴纳税款等；法律责任是指企业依法享有权利的同时必须承担法律规定的责任，如遵守国家法律法规、依法治企等；伦理责任是企业基于一定的社会道德要求所应当承担的责任，如公平竞争、自觉约束自身行为等；慈善责任是企业根据一定的社会价值观和社会期望自愿承担责任，如关心社会弱势群体、捐助慈善机构等。

此外，我国学者徐尚昆、杨汝岱（2007）也对 CSR 概念和分类进行了本土化实证研究，对 630 位企业总经理的数据进行了分析，对中西方 CSR 维度进行了对比，得出了中西方共有的 CSR 维度和中国独有的 CSR 维度，对构建我国完备的 CSR 概念体系做出了积极的探索。

三　企业社会责任的测量及指标体系

自 20 世纪 70 年代以来，国内外学者开始关注企业社会责任评价方面的问题，涌现了一批有价值的研究成果。主要有两种评价方法：一是社会问题评价；二是利益相关者评价。当然，这种划分是相对的，因为在问题评价中，不可避免地会涉及利益相关者，而在利益相关者评价中会涉及社会问题，只是出发点和侧重不同而已。

（一）社会问题评价

社会问题评价是早期的企业社会责任评价研究的出发点。这种研究视角从企业所面临的社会问题出发，通过广泛的调查研究，确定一般大企业通过它们的能力能影响和解决的一些重要的社会问题，并根据企业对这些问题的态度和贡献，来评价企业的社会责任水平。

卡罗尔（1972）构建了企业社会责任的三个维度（Oshionebo, Evaristus Akhayagboke, 1998），即企业社会责任的种类、企业社会责任哲学及问题本身。

普雷斯顿（Preston, 1977）的分析框架被凯利和麦克塔格特（Kelly and Mctaggart, 1979）开发成为一个调查表来对一些企业做实证研究。他对九个企业在社会责任水平上的改变和趋势进行了描述。但是，因为不同的企业关心和面临的问题并不相同，因此，这种评价受到质疑（Clarkson, 1988）。

从这些人们普遍关心的与企业相关的社会问题出发，一些研究机构建立了一系列的企业社会责任水平测量指标体系，如《财富》企业名誉调查和有毒物质排放量详细目录（TRI）。由美国《财富》杂志开发的评价指标体系，用于对企业的社会名誉进行评价，其结果被许多研究者使用。在财富名誉调查中，资深的管理者、外部董事（研究人员）、金融分析家根据《财富》提供的8个方面的名誉特征，使用0—10尺度对他们所在行业的大企业评分，并列出其所在行业前10名的企业，《财富》综合所有评价结果形成一部企业名誉目录。而1995年由美国环境保护协会制定的政府和特殊的利益群体用来列出排放进环境中的有毒物质的相对数量排行榜包括企业向空气、水、土壤中排放废弃物的数量，以及对有害废弃物的处理情况。TRI也被一些政府和非政府组织所要求。然而，该数据库评价的范围比较狭窄，仅仅对几个产业的企业进行监控和评价。

企业活动涉及广泛的社会问题，研究者开始进行分类研究，对评价企业在某一方面的社会责任水平提出一些专门的指标体系，针对环境污染的问题提出了有毒物质排放量详细目录等。常见的测量框架如表2-2所示。

2003年，乔舒亚·D. 马戈利斯和詹姆斯·P. 沃尔什（Joshua D. Margolis and James P. Walsh）对1972—2002年30年间涉及的127篇实证研究文章分析研究得出的结论是，采用问题研究方法对企业社会责任测量的指标体系的比例较大。

表2-2　　　　　　　企业社会责任评价模型或框架

评价模型或框架	实施时间（年）	针对领域
伦敦基准测试组	1994	社会项目净值
ISO14000	1996	环境法则
全球报告倡议组织	1997	信息披露框架
全球契约	1997	人权法则
SA8000	1997	劳工权益
AA1000	1999	信息披露框架
ISO14063	2004	环境信息指导
ISO16000	2010	人权、劳工实践、环境、公平运营、消费者议题、社会参与、发展

资料来源：笔者根据相关文献整理。

（二）利益相关者评价

应用社会问题评价框架对企业社会责任进行评估，有广泛社会调查的基础，有其合理性和可操作性，反映了特定时期社会对企业的一般期望。然而主观性太强，企业的整体社会绩效状况不能得到全面测量反映。于是部分学者（Medic，1988；Carroll，2004；Thompson and Zakaria，2004；Dima Jamal，2008）开始引入了利益相关者理论。

西方理论界从20世纪80年代开始提出了许多利益相关者评价模型，1982年，美国学者杰弗里·索尼菲尔德（Jeffrey Sonnenfeld）提出的外部利益相关者评价模式和1995年加拿大学者克拉克森（Clarkson）的RDAP模式影响最大。

索尼菲尔德（Sonnenfeld，1982）从社会责任和社会敏感性两个方面对美国林业的六家企业外部利益相关者进行了问卷调查，涉及的利益相关者包括投资分析家、工会领导、环保主义者、政府监管员、联邦监管员、国会议员、行业协会官员、学者等。

从索尼菲尔德（1982）评价模型所选择的利益相关者群体来看，主要是企业的次要利益相关者，而且评价指标主观性比较强，所有指标权重相同。特别是关于企业社会敏感性评价的七个维度概念模糊，难以界定（陈维政等，2002）。

克拉克森（1988，1991）从利益相关者的角度出发进行研究，以卡罗尔（1979）及沃蒂克和科克伦（1985）的社会绩效测量模型为基础，完成了评价企业社会责任水平的 RDAPs（Reactive – Defensive – Accommodative – Proactive scale，RDAPs）等级，实现企业的社会响应战略转移。克拉克森（1992）认为，"要给社会问题一个精确的定义其实是非常困难的。因为社会本身就是一个难以清楚定义的词汇，它是一个比企业更广泛、更不明确、更抽象的分析水平。没有特定的企业能完全对处理所有的社会问题负责任。"此外，克拉克森（1995）通过进一步刻画和评价态度和绩效，使得定义企业社会责任的方法更为清楚。其不足之处是只能进行初步分类，对企业的整体社会责任水平难以作出精确的比较。

从 2002—2011 年 10 年间的 249 篇实证研究文章的比较分析看，计量指标 KLD（Kinder Lydenberg Domini，KLD）研究者使用较多。被金德·莱登伯格·多米尼有限责任公司（Kinder Lydenberg Domini Co.，Inc.）开发的企业社会责任水平排行榜即 KLD 目录，是一个比较有影响力的从企业利益相关者角度评价企业社会责任的指标体系。它通过对企业社会责任评分分社区关系、环境、员工关系、产品、处理妇女和少数民族的关系、核能、军事合同、南非问题 8 个维度进行排行。KLD 目录排行对企业进行社会责任的多维度排序大量使用客观的筛选标准，改进了财富名誉排行的主观排序方法。其存在的问题是所有指标的重要性是相同的，各个指标之间存在一定程度的包含关系等。企业关注利益相关者群体不同，不同的群体对企业的社会责任又有不同的理解和要求，从所有的利益相关者的角度评价企业社会责任原则上是必要的，但具有局限性。

1997 年 8 月，由社会责任国际组织（Social Accountability International，SAI）制定的 SA8000 是另一个比较全面和影响比较大的评价企业社会责任的指标体系，其也是从具体的利益相关者角度和从企业员工的角度进行评价，侧重于企业保护劳动者合法权益，确保供应商提供符合社会责任标准要求的产品。根据国际劳工组织（ILO）公约、世界人权宣言及联合国儿童权利公约制定的 SA8000 标准，对企业提出了童工、安全卫生、强迫劳动、集体谈判权和结社自由、工作时间、惩罚性措施、歧视、工资报酬及管理体系九个方面的要素。企业通过 SA8000 认证，向消费者、投资者和社会公众表现和承诺其履行的社会责任，规范化、标准化 CSR 运动的阶段到来。

2005 年，我国学者徐超、陈继祥从企业的角度出发，提出了从四个方面评价企业社会责任，即向心性、超前反应性、专属性、可见性。樊行健等评价企业社会责任水平从现行的财务报告中挖掘企业社会责任的相关数据。

由中国社会科学院经济学部 CSR 研究中心 2009 年开始研发推出的年度综合指数，即中国 CSR 发展指数是我国 CSR 测评的权威性指导之一。该指数从责任管理、市场责任、社会责任、环境责任等多方面对中国 CSR 管理现状和责任信息披露水平进行综合评价，以辨析中国 CSR 发展进程的阶段性特征，为中国 CSR 的深入研究提供基准性参考。

ISO26000 明确社会责任主体和社会责任概念、组织履行社会责任的对象、履行社会责任的七大原则（担责、透明度、道德行为、尊重利益相关方利益、尊重法律规范、尊重国际行为规范、尊重人权）、七大核心主题（组织治理、人权、劳工实践、环境、公平运营实践、消费者问题、社区参与和发展），提供了将社会责任融入整个组织的操作指南中，这是社会责任理念和实践全球范围首次系统总结。明确指导企业履行社会责任，标志着社会责任管理进入全面责任管理阶段。

此外，2010 年，由杭州市 CSR 建设领导小组联合浙江大学推出的《杭州市 CSR 评价体系》，是全国地市级以上城市中第一个 CSR 标准，其中将企业的社会责任分为市场责任、环境责任、用工责任、公益责任四大类，下设两级指标，共 50 项，具体包括诚信经营、财会纳税、产品质量、环保减排、低碳节能、依法用工、协调机制、安全生产、职业健康、公益慈善、社会评价等。评价采用评分量化标准，总分值1000分。其中，分值比重最大的是用工责任部分，包括劳动合同履行、工资增长机制、员工发展、职业健康等18个指标，细化到发放详细工资单、组织职工疗养休养、外来务工人员的固定就餐地点等内容。市场责任部分中，诚信经营最为关键。而是否建立完善的消费投诉体系等，则成为重要指标。

由《财富》（中文版）联合银则企业管理咨询（上海）有限公司制作完成的2011年度《财富》中国CSR100排行榜，分别筛选出履行社会责任优秀的50强中国企业和50强在华外资企业，分别从环境维度、社会责任和企业治理维度三个领域、12项标准、45个次级标准和180个评分指标进行评估，最终得出2011年中国CSR100排行榜。这也为我国CSR测量做出了积极的贡献。

上述的评价模型共同点是：研究者预定评价标准，对这些标准是否准确反映了特定利益相关者的利益要求很少实证研究。贝马德特（Bemadette, 2001）认为，过去财富名誉调查、伦理投资目录、KLD数据库等企业社会责任水平的评价指标都是同等重要的，权重问题没有考虑。同时，缺乏对企业社会责任的维度统一认识，往往根据研究者的个人观点选择特定维度，这种做法缺乏客观性和理论的依据。

四　企业社会责任研究文献评述

任何理论和观念总是相对的和变化的，都是在总结和提炼丰富的、不断变化的社会实践中得到的。企业是复杂社会大系统中的子系统，是社会变化的产物，也是引起社会变化的原因之一。因此，企业的社会责任在不同历史时期的含义不同，随着企业的发展而发展变化。从1924年谢尔顿最早提出"企业社会责任"概念，到1953年鲍恩《商人的责任》一书的出版，以及CSR的不断被研究，使其逐步被世人所了解。伴随着全球人权运动和环保运动的持续开展,受到可持续发展理念的影响,它的内涵不断丰富,地位不断上升。

除了对企业社会本身进行深入研究外,50多年来,国内外学者研究的焦点定为能为企业带来什么,研究集中于关于CSR与财务绩效、品牌价值的关系等顾客行为等。关于CSR与财务绩效关系的研究观点归纳为正相关关系、负相关关系和两者无关三类。第一类认为,CSR与企业绩效呈正相关关系,企业社会责任强则盈利能力强,代表人物如莫斯科维茨(1972)、科克伦和伍德(1984)、AUPPERLE(1985)、王怀明等(2007)、温素彬(2008)等;第二类认为,两者之间存在负相关关系,代表人物如英格拉姆和弗雷泽(Ingram and Frazier, 1980)、班萨(Bansa, 2004);第三类认为两者无关,代表人物如麦克威姆森和西格尔(McWilliamson and Siegel, 2000)、哈德(Had, 2003)。

随着对社会责任的不断认识,履行社会责任的程度也被消费者用来区分企业及其所提供的不同产品和服务(Collings, 2003),积极履行企业社会责任不仅能有效地提升企业形象价值和顾客满意度,使得顾客对企业产品和服务的评价有所提升(Xueming Luo and C. B. Bhattacharya, 2006),而且也使消费者对企业的信任感增强、购买意愿和忠诚度增强(Sankar Sen and C. B. Bhattacharya, 2001;grizek, 2002;Middlemiss, 2002;Kitchin, 2002;鞠芳辉, 2005;Knox, Maklan and French, 2005;OMan and Coulter, 2005;Saunders, 2006;Crosby and Johnson, 2006;Pirsch, Gupta and Grau, 2007;刘凤军和王镠莹, 2007;周延风等, 2007;周祖成, 2008;张漪杰, 2007;Pirsch, Shruti Gupta and Stacy Landreth Grau, 2007)。同时,企业通过承担社会责任与顾客间进行有效情感联系(Crosby and Johnson, 2006),在危机管理中起到积极的作用(Klein, 2004)。此外,加强企业社会责任建设也是和谐社会发展的必然要求(王茂林, 2005)。作为社会的重要组成部分,企业在利用社会资源为其创造经济利润的同时,也肩负着不可推卸的社会责任。因此,构建和谐社会,企业不仅责无旁贷,而且应当成为主力军,为推动社会发展提供动力。

综上所述,大量研究证明,企业社会责任对企业的发展有着不可替代的重要作用。那么,如何提升企业社会责任的履行就成为值得关注的重要课题。但是,已有研究更注重从企业社会责任本身及其对企业发展的作用,而缺乏对如何提升企业社会责任的研究。这也正是本书将要提出的新研究视角。

第二节 企业责任管理研究文献综述

一 企业责任管理的定义

企业社会责任实践的发展过程也是企业管理模式不断发展的过程。虽然长期以来由于企业社会责任被简单地看作仁慈的利他行为,而被置于主流经济学和管理学的研究范畴之外。因此,"企业社会责任管理"这一概念很少被单独提及。但实践中,企业社会责任管理是企业管理的重要内容,并且存在着明显的演进路径。实际上,很多学者提出的企业社会责任概念和模型也都包含着管理的思想和成分,只是没有正式使用"企业社会责任管理"这一术语而已。

企业社会责任管理,其实质就是回答企业社会责任管理是什么、如何做、怎么样的问题。企业社会责任管理的主体是企业,实质体现为企业的一种战略安排,以及这种战略安排为企业带来怎样的利益。

早期的企业社会责任基于纯粹道德驱动的企业社会责任,它强调的是一种自发行为,将企业家个人或企业看作道德主体或道德代理人,他们履行社会责任的根本动力来源于纯粹道德良知,而不是为了任何明显的商业目的或满足"底线"要求(任荣明和朱晓明,2009)。

真正意义的企业责任管理应该始于迫于压力的企业社会责任阶

段，企业管理者希望提供"可以实施企业社会责任原则的行动维度"（Wood，1991），目的则是解决普雷斯顿和波斯特（Post）（1975）提出的企业参与社会所面临的"企业困境"，确保企业生存的"合法性"。企业通常采取两种不同但相互关联的方式来处理这种回应：第一种着眼微观组织维度，核心是单个企业及其获得高水平社会回应的能力；第二种着眼宏观维度，是指所有的宏观制度安排与程序（Frederick，1994）。

波特指出，企业社会责任管理应是一种战略性的行为；德鲁克（1984）提出"行善赚钱"，从管理模式的本质特征进行判断，好的管理有助于企业实现利润最大化目标；沃德多克（Waddock）等提出了全面社会责任管理，以解决特定的社会议题为手段。李伟阳等认为企业社会责任本质上是各方利益的协作（李伟阳、肖红军，2009），是社会价值目标管理模式。企业的动力为追求一定的社会价值，实现经济、社会和环境的综合价值的管理模式。

国内学者陈炜和王茂祥曾注意到企业社会责任管理的定义问题，他们认为，企业责任管理是"通过对企业资源的系统规划和整合使用，以规范的组织、制度和流程，切实保障企业在经济、社会与环境三方面优秀责任行为的有效落实。"但该定义存在一定缺陷：未能清晰地表述企业社会责任管理的主体和本质内涵，且未能突破传统企业管理理念。

结合国内外研究文献，可以看出，企业社会责任管理是企业整合企业内部资源，制定社会责任目标，对过程和结果进行控制与评价，达到企业内部资源与责任能力相匹配、企业责任能力与社会认知的统一，以达到提升企业履行社会责任的动态管理过程。提出企业社会责任管理的定义，既具有理论价值又具有现实意义。其理论价值在于：该定义继承前人研究成果，又进行了积极探索和创新。对企业规范社会责任行为、提高企业社会责任的管理水平具有推动作用。进一步而言，责任管理定义明确了企业社会责任管理的主体是企业，企业高管担当主角。

二 企业责任管理理论的发展阶段

世界企业社会责任发展的不同时期,社会责任管理也表现出一定的规律。由于驱动力差异,企业社会责任管理研究经历了三个阶段:社会回应、社会表现和战略管理。

20世纪50—70年代:社会回应阶段 ▶ 20世纪80年代至90年代末:社会表现阶段 ▶ 20世纪90年代末至今:战略管理阶段

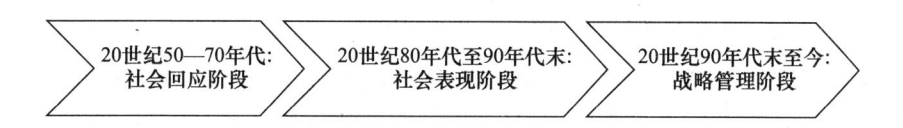

图2-2 企业社会责任管理发展阶段

(一)社会回应阶段(20世纪50—70年代)

由于社会各方的要求和压力,研究者开始探索企业的回应方式和管理思路。戴维斯·基思和罗伯特·L.布洛斯特罗姆(Davis Keith and Robert L. Blomstrom, 1971)在《企业、社会与环境》一书中已开始重视企业社会责任概念。他们认为,有效社会责任蕴含着一系列理想化的终极目标,需要企业创造性地进行社会决策,并采取一系列的行动来实现。罗伯特·W.阿克曼和雷蒙德·鲍尔(Robert W. Ackerman and Raymond Baucer)指出,企业社会回应是一个包含了认识问题、应对问题和平衡资源选择应对三个阶段的管理过程。此观点反映了企业对其社会影响的认识和应对过程,对于指导企业实行社会回应行动具有指导意义,获得了诸多学者的认同。

(二)社会表现阶段(20世纪80—90年代末)

随着企业在社会经济中的作用日益凸显,众多学者对企业社会回应理论进行了继承和拓展,形成了系统化、规范化的管理理论和方法,企业社会责任管理逐渐步入企业社会表现阶段。这一阶段的代表人物是伍德·琼斯(Wood Jones),他在沃蒂克·史蒂文和科克伦·菲利普(Wartick Steven and Cochran Philip, 1985)的经典定义基础上，确定了企业社会表现定义，即企业履行社会责任的原则，社会回应过程和方案的构成，以及当它们与企业社会关系相联系时所产生的可以观察的结果。伍德的观点将企业履行社会责任的原则、过程和结果整合成三位一体的企业社会表现，明确了企业在管理活动中的行为准则、过程内容和可能产生的结果表现，有利于形成系统的企业社会责任管理体系。

（三）战略管理阶段（20世纪90年代末至今）

企业社会责任管理逐渐被提升到战略管理层次，较有影响力的学者是麦克威廉姆森和圣吉（McWilliams and Senge，2001）、迈克尔·波特（Michael E. Porter，2006）、麦克威廉姆森和圣吉提出了公司供给和需求理论，通过模型对企业社会责任活动进行了成本和收益分析并指出，企业社会责任有诸多方面的战略应用。迈克尔·E. 波特将企业社会责任应用到价值链上，以诸多企业实例论证了企业承担社会责任能够为价值链增值，从而创造更多的竞争优势。

战略管理论近年来备受关注，该理论分别从公司供给和需求理论、价值链理论以及实证分析等角度，论证企业社会责任的战略意义，并据此提出企业要加强内外利益相关者的沟通和对话，评估企业自身的资源能力，坚持企业社会责任战略使命和意图必须与企业目标相一致。作为一种战略观点，借鉴全面质量管理理念，瓦德克等以实证分析的方法，提出了"全面社会责任管理"观点。

1. 全面社会责任管理的内涵

企业管理模式是从特定的管理理念出发，围绕实现特定目标，组织资源、信息、知识，开展运营活动的基本框架、规则和方式。它是企业在科学的社会责任观指导下形成的新的管理模式，是企业以自身行为应对社会负责任的价值追求为动力，以充分实现企业的社会功能为内容，通过激发利益相关方的社会价值创造潜能，有效管理企业运营对社会和环境的影响，最大限度地实现经济、社会和环境的综合价值的管理模式。

与传统的股东利润目标管理理论相比，全面社会责任管理作为社会价值目标管理模式具有以下几个方面的本质差别：①管理框架从股东价值主导转向社会价值主导，其核心表现是企业的治理结构由单边（股东）治理模式转向利益相关方共同治理模式；②管理目标从追求利润最大化转向追求经济、社会和环境的综合价值最大化；③管理对象从企业内部的人、财、物拓展到内外部利益相关方的资源、信息、能力和潜力；④管理价值从财务价值延伸到经济价值、环境价值和社会价值，从股东价值延伸到利益相关方价值，从关注自身价值延伸到创造社会福利。

2. 全面社会责任管理理论的演变与发展

2002年，沃德多克等在借鉴全面质量管理（TQM）概念的基础上，提出了全面社会责任管理的概念，即"对三重底线责任进行平衡管理的系统方法"。此概念是一种借鉴全面质量管理的系统方法来发展和完善社会责任管理的方法，本质上是对全面质量管理概念的类比衍生。其概念背后的理论逻辑，与波特所提出的战略性企业社会责任和德鲁克（1984）所提出的"行善赚钱"是一致的，实质都是企业社会责任的"工具理性"观点，认为管理好特定的社会责任问题，能够有助于企业实现利润最大化目标。因此，这一理论仍然属于传统的股东利润目标管理模式，实现股东利润目标的方式借鉴了传统的企业社会责任概念或者说以解决特定的社会议题为手段。

此外，我国学者李伟阳和肖红军进一步完善了全面社会责任管理理论，并指出其本质是一种社会价值目标管理模式。其支持的管理理念认为企业是不同的社会主体实现其多元价值追求的社会平台，要实现经济效益，更要注重社会功能。他们认为，企业实施全面社会责任管理的着眼点是要充分实现企业的社会功能或者最大限度地创造企业发展的社会价值；全面社会责任管理的重点并不是满足"三重底线"的要求，更不是单纯追求最大限度地实现股东的利润目标，而是最大限度地创造企业发展的社会价值，它坚持的是"价值理性"，即企业行为要对社会负责任，而不是仅为股东谋取利润目标。同时，他们提出全面社会责任管理的"3C+3T"模型，即由综合价值（Comprehensive Value）、合作（Cooperation）和共识（Consensus）三个要素组合而成的3C思想体系，以及由全员参与（Total Staff）、全过程融合（Total Processes）和全方位覆盖（Total Fields）三部分构成的3T实施体系。

3. 全面社会责任管理的重要作用

作为一种新的企业管理模式，全面社会责任管理在管理实践上是一种进步，并推动企业管理实践发生前所未有的变革。主要表现在：

（1）企业管理理论的革命。目前，所倡导的企业管理理论基本是从根本上支撑股东利润目标管理模式的管理理论，全面社会责任管理在企业管理的基本假设、解决的核心问题以及解决核心问题的基本范式等本质层面上都做了完全不同的理解与探索。

（2）对企业管理的核心问题的重新认识。传统企业管理理论认为，企业管理的核心问题是如何在市场竞争中实现企业的市场价值，而全面社会责任管理理论认为，企业管理的核心问题是促进社会资源的优化配置和充分实现企业的社会价值。

（3）对企业管理的管理范式重新认识。传统企业管理理论采用以维护股东价值为目标，以最大限度地创造财务价值为主线；而全面社会责任管理理论采用的管理范式则是以实现社会价值为目标，以最大限度地创造综合价值为主线，以创建利益相关方合作创造综合价值机制为根本的管理范式。

此外，还有学者根据企业履行社会责任的驱动力不同以及企业对社会责任的管理范围差异，提出了企业社会责任管理理论的五阶段论，即"基于纯粹道德驱动的企业社会责任管理→基于社会压力回应的企业社会责任管理→基于风险防范的企业社会责任管理→基于财务价值创造的企业社会责任管理→基于综合价值创造的全面社会责任管理"。

三 企业责任管理研究文献评述

尽管很多学者根据不同的标准提出了不同的演化路径,但是无论何种分类方法,企业社会责任管理理论的不同类型之间并不是相互替代和非此即彼的关系,它们在同一时期可能都存在,只是适用的企业类型不同而已,这里的演化路径仅仅突出了它们出现的先后顺序以及其在某一时期的主导作用。"企业社会责任观念是逐步演进的,唯有置身于一定的历史背景中,才能真正领会企业社会责任运动的完整意义。"(Sheikh, 1996)

国内关于企业社会责任管理的研究尚处于起步阶段,大多是零碎的、从不同侧面的探索研究,未见系统性研究。刘宝在瓦德克的"全面责任管理"观点的基础上,深化了其理论研究,提出了"全面责任管理"的内涵,构建了以感召、融合和革新为主体的全面责任管理内容,建立了以 PDCA 循环为核心内容的全面责任管理框架。徐光华等发现,CSR 已成为企业战略绩效评价体系构建的重要基石,与经营绩效、财务绩效和社会绩效构成了企业战略绩效体系的四个板块,并形成一个循环闭合系统——时钟绩效模型。黄文彦、蓝海林从管理者重视、社会责任标准、建立社会责任管理机构、社会责任报告、价值链视角就我国企业社会责任管理进行了探讨。王阳提出,以完善法律体系、社会责任标准、信息披露、企业内部治理结构、道德管理为主要内容的社会责任管理,但其管理主体不明确。易开刚提出从社会责任到社会资本的社会责任管理新理念,并从理念变革、组织变革、内外兼修、塑造环境等角度进行了管理实现的探索。李万县从认知管理、认同管理、行为管理、行为强化四个方面提出了企业社会责任管理内涵。赵曙明基于国外关于 CSR 的最新研究成果,从识别商业决策与社会政策的交叉点、选择特定的社会责任、制订 CSR 目标计划、在企业价值命题中增加社会维度等方面,提出了企业社会责任管理的战略思考。

此外,国内很多学者也关注了利益相关者视角的企业社会责任管理。黄蕾的研究以正义论和义利共生论为基础，指出中国企业员工社会责任管理存在的不足，从而提出了企业员工社会责任管理。中国台湾学者张进发则完全着眼于利益相关者理论，运用市场营销思想，从利益相关者、客户关系管理、内部营销理论入手，提出企业社会责任的管理模式：共同治理与营销管理，并做了案例分析。此外，殷格非等对企业社会责任管理体系，陈留彬对企业社会责任的评价等进行了研究和论述。

虽然国内外学者从不同角度对企业社会责任管理进行了大量研究，但研究企业社会责任的管理问题在企业社会责任领域中占比不大，大量的研究仍然集中于回答企业社会责任是什么、社会责任的现状和规律等，并没有任何一个理论流派系统明确地定义企业社会责任管理的内涵并给出其解释。

任何企业行为都有其内在动机和目的性，企业履行社会责任和开展社会责任管理也不例外。但是，企业履行社会责任和开展社会责任管理的动机往往具有复杂性和多重性，很难明确地阐述其真正的目的。然而，对企业社会责任管理理论的研究，即使无法洞悉企业履行社会责任和开展社会责任管理背后的所有复杂动机，至少也可以识别出它们所显化出来的主导动机。

因此，充分考量每一类型企业社会管理产生的时代背景以及挖掘其背后思想和实质精神极为重要。此外，理念决定目标，目标指导行为。不同类型的企业社会责任理念也会催生不同的企业社会责任管理目标，进而影响到企业社会责任的管理内容和管理方式。理解不同类型的企业社会责任管理，还必须剖析其背后的企业社会责任观以及受其制约的管理目标、管理内容和管理方式。纵观管理学发展历史，不难发现，企业的高管对企业责任管理的目标、方式有着重大的影响力。这也正是本书研究以高管胜任力驱动企业责任管理的原因。

第三节 高管胜任力研究文献综述

一 企业高层管理者的界定

高层管理者的概念最早是由美国著名管理学家德鲁克于1956年提出的。他认为高层管理者是那些"掌握和运用符号和概念、利用知识和信息工作的人"。伍德拉夫（Woodruffe）提出，高层管理者是那些拥有知识并且运用其掌握的知识进行创新性工作的人；弗朗西斯·赫瑞比（2000）认为，高层管理者是"那些创造财富时用脑多于用手的人们"；国内学者王兴成、卢继传、徐耀宗（1998）将高层管理者定义为从事生产、创造、扩展和应用知识的活动，为企业或组织带来知识资本增值并以此为职业的人员。

根据学者们的观点，本书将高层管理者定义为：位于企业的高层，为掌握和运用知识进行创新性工作，追求自主性、个性化、多样化和创新精神的工作群体。总经理在企业中拥有最终的执行经营管理决策权力，他向董事会负责，一般也是董事会成员之一。总经理领导下的成员主要包括：副总经理和财务、人力资源以及营运等主管，也包括总会计师、总工程师和各部门经理等。这些人员是企业的高管层，他们负责战略目标、方针和政策等直接决定企业的发展与成长。对于企业外部来讲，他们代表企业的行为和形象；对于企业内部来讲，他们是整个企业的核心方向标。因此，企业的经营理念和经营哲学、企业文化的传播、企业社会责任的履行都与高管团队的胜任力息息相关。此外，可能由于不同行业、不同企业性质及不同发展阶段的企业，中基层管理者的胜任力也存在较大差别，而高层管理者胜任力差别相对较小。这也是本书将高管的胜任力作为研究对象的一个重要原因。

企业高管应该做些什么可以使企业更好地履行社会责任，从而使其长期繁荣与发展，这些是值得学者与实践工作者所关注的问题。我们经常可以看到，在行业中面对类似的机会与威胁时，一些公司的整体表现明显优于其他公司，甚至当行业的条件非常差时一些公司仍可以保持可观的利润，而有的公司却难以为继。这也正是越来越多的研究者更加关注高管本身的胜任力状况的原因。本书尝试运用实证研究的方法对创新驱动背景下企业高层管理者胜任力与企业社会责任之间的关系等问题做进一步的探索。

二 胜任力的起源与发展

关于人类行为的知识最初是从研究能力、智力开始的。美国韦克斯勒（Wechsler，1958）认为："所谓智力，是个体有目的地行动，合理地思考，有效地处理环境的个人的综合能力。"随着人们对智力研究的深入，逐渐发现智力这个概念不能全面地说明人的工作胜任能力。对于在工作中表现如何，不仅仅要看人的智商程度，而且更为重要的是看一个人在实际工作中问题解决能力和社会能力等。

有关胜任力的研究最早可追溯到"管理科学之父"泰罗（Taylor）对"科学管理"的研究，称为"管理胜任力运动"。泰罗在实践中注意到优秀工人与较差工人在完成工作上是有差异的，他建议管理者用时间—动作分析方法，对工人进行界定，并对工人开展有针对性的系统培训来提高工人的胜任力，进而提高组织效能。泰罗的"时间—动作研究"就是最初对胜任力的探索。至今这种基于工作的方法还在员工聘任和培训中占有重要的地位。

胜任力引起人们的广泛关注要追溯到20世纪60年代后期，此时，泰罗理论已被基本否定，而智商学说也越来越受到质疑，人们迫切希望了解影响企业员工绩效的根本原因，但却找不到满意的答案。这时，以哈佛大学戴维·麦克利兰（David McClelland）教授为首的研究小组，经过大量深入研究证明，以往的智力和能力倾向测验并不能预示工作绩效的高低和个人生涯的成功。

1973年，麦克利兰在《美国心理学家》杂志上发表了一篇题为《测量胜任力而不是智力》的论文。研究中，麦克利兰运用了大量篇幅分析传统的人才测量与甄别机制存在的问题，列举了包括很多学者的大量研究成果，证实了智商测试结果与预测工作成功之间的相关性非常低，并指出智力测验的结果很难预测工作中的成功，并提出了区分绩优组和普通组的研究方法，被称为美国胜任力建模方法之父。麦克利兰（1983）在描述胜任力时指出，它是在工作和有关情境中，帮助个体取得成功的决定性的、基本的个体特征。竞争优势中蕴含的胜任力因素的多少也决定了优势的可持续性和可保护性。企业高层管理者的这些能力也是企业竞争优势的根源。

其实，早在麦克利兰研究工作之前，弗拉纳根（Flanagan, 1954）就已经对美国军官的性格和态度进行了研究。他的研究表明，军人的性格是其完成工作的关键因素，且工作态度决定其工作结果。同时，关键事件技术（Critical Incident Technique, CIT）的创立为胜任素质的研究奠定了基础。弗莱希曼、麦考米克和普里莫夫（Fleishman, McCormick and Primoff）也早在麦克利兰之前对工作中的行为和态度的辨别进行了研究。

1970年，麦克利兰等学者在关键事件技术（CIT）的基础上开发出了行为事件访谈法（Behavioral Event Interview, BEI），并运用该方法研究影响驻外外交官工作绩效的因素。研究挖掘出了表现优秀的驻外外交官和一般胜任者在思维方式和行为上的差异，从而提炼出驻外外交官的胜任素质。在这一过程中，麦克利兰运用了一些关键性理论和技术，正是这些理论和技术为胜任素质理论奠定了基础。

1982年，麦克利兰的同事雷查德·博亚特齐斯（Rechard Boyatzis）对大量的资料进行了深入的实证研究和分析，率先提出了能力理论（competency theory）。他认为，个体胜任工作角色或完成任务的绩效是人格特征、知识、技能和能力等因素综合作用的结果，而能力是其中的决定性因素，并且强调能力必然蕴含于具体行为并能够经由行为得到观测。由于《胜任的经理人》一书的出版，他被认为是胜任素质体系研究的集大成者。至此,胜任力体系发展到了一个新的阶段,胜任力模型开始登上历史舞台。

1990年,普拉哈拉德和哈默尔(Prahalad and Hamel)提出了组织胜任力的概念,首次将胜任力应用到组织层面。他们认为"核心胜任力即为组织内的集体智慧",并且"如果核心竞争力是关于协调技术潮流的,它也是关于工作的组织以及价值的传输的"。组织的核心竞争力特征是一个组织的独特资源,影响产品和服务,并提供其在市场竞争中的优势。

其实,"胜任力"虽是一个外来词,但却实际存在于我国历史上各个时代选拔人才的实践中。如《尧典》上这样记载:"纳于大麓,烈风暴雨弗迷。"即尧为了测试舜的智能能否担当大任,特地选了一个狂风暴雨的日子,让舜独自一人进入森林,看他是否迷路。结果舜安然返回,并未迷失道路。这大概是现代的迷津测验的最早记录。其他诸如面试法、情景模拟测评以及各种人员的岗位职能测试实例等早就应用于中国的人才选拔中。不少著名的学者及领导人才都在这方面做过尝试,其研究成果散见于我国的史书中。例如,伟大的教育家孔子就曾提出设定九种事件来测评人的忠诚、礼仪、智慧、仁德、气节与个性。庄子认为,考察人要"远使之而观其忠,近使之而观其敬,烦使之而观其能,卒然问之而观其知,告之以危而观其节,醉之以酒而观其则,杂之以处而观其色。"刘昭的《人物志》对于人员胜任力分类的论述更为全面而系统。他依据德、法、术三要素将人才素质分为偏才与兼才。所谓偏才是指具有某一方面特长的人才,如仅具有德、法、术之某一方面的才质的人,他们不能接受不同质性的人,只能"识同体之善,而失异量之美"。而兼才则是德、法、术三者具备之人,他们善于广纳各种质性不同的人,接纳众才而加以重用。刘昭在《人物志》中详细描述了各种偏才的优缺点,并指出了根据其特点而授予不同职位的原则。

可见,我国古代对人员的选拔已经具有现代胜任力研究的特点,即胜任力分类研究以及依据不同职位的人员进行的职位胜任力测评。然而，当时选拔研究的一个重要特点就是实用化，即研究的目的并非是形成一套系统的学说或体系，而是为统治者治理国家和选拔官员服务的。这就决定了对胜任力研究的重点是重德，而非重才。这也是我国古代人员胜任力研究中的一个缺陷。此外，虽然我国从很早就开始官员选拔的研究，但是并没有形成一种科学的理论体系，与西方提出的真正意义上的胜任力理论相去甚远。

我国近代最早系统研究并运用于胜任力理论的是中国科学院心理研究所时勘教授所领导的团队。他们运用行为事件访谈方法（BEI），对我国通信业管理干部的胜任力进行了实证研究。研究结果表明，我国通信业管理干部的胜任力模型包括十项胜任特征：影响力、社会责任感、调研能力、成就欲、领导驾驭能力、人际洞察能力、主动性、市场意识、自信、识人用人能力，通信业管理干部在这十项胜任特征上显示出优秀组与普通组有显著差异。这一研究得到了与西方管理人员大致相符的胜任特征模型，在我国首次验证了胜任特征评价更能全面区分出优秀管理干部与普通管理干部。同时，由时勘、王继承、李超平撰写的《企业高层管理者胜任特征评价的研究》成功建立了我国通信业高层管理的胜任力模型。

三　胜任力的内涵及维度

胜任力研究理论起源于行为心理学。弗拉纳根于 1954 年首次提出"关键事件"方法，根据公司管理者的工作分析，认定几个管理者工作要素，即生产监督、生产领导、员工监督、人际协调、与员工的接触和交往、工作的组织计划与准备以及劳资关系。1959 年罗伯特·怀特（Robert White）提出了胜任力作为人类的一项特征的概念。

格普塔（Gupta, 1988）、霍尔（Hall, 1977）、汉布里克和芬克尔斯坦（Hambrick and Finkelstein, 1987）认为，在组织面临着一种不确定的环境时，领导者的作用会变得更为突出。康格和卡努戈（Conger and Kanungo, 1987）提出，企业高层管理者需要的愿景规划能力，并认为系统预测能力是企业家的重要战略能力，它可以指导组织去做正确的事情或者在组织发生重大变革时采取正确的决策。

美国管理学家波特（1989）从反面去研究领导胜任能力，他把难以胜任领导者的品质归结为12点：（1）对别人麻木不仁，吹毛求疵，举止凶狠狂妄；（2）冷漠、孤僻、骄傲自大；（3）背信弃义；（4）野心过大，玩弄权术；（5）管头管脚，独断专行；（6）缺乏建立一支同心协力的队伍的能力；（7）心胸狭窄，挑选无能之辈当下属；（8）犟头倔脑，无法适应的上司；（9）目光短浅，缺乏战略头脑；（10）偏听偏信，过分依赖一个顾问；（11）懦弱无能，不敢行动；（12）犹豫不决，缺乏决断力。

目前，在胜任力的理论模型研究方面，主要提出了特征性模型和情境性模型两类理论模型。

（一）特征性模型

图2-3所示的冰山模型和洋葱模型均为该模型的代表。

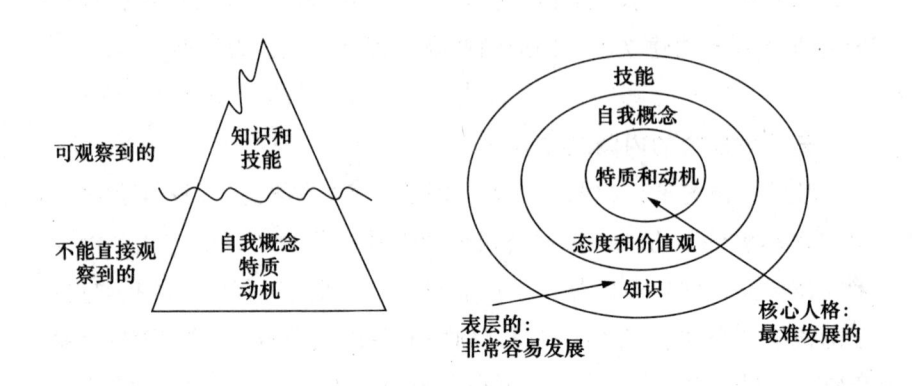

图2-3 胜任力的冰山模型和洋葱模型

特征性模型认为，可以将胜任力区分为动机、特质、自我概念、知识和技能五种个人所拥有的基本特征。其中，动机是指一个人对某种事物持续渴望并进而付诸行动的内驱力；特质是指身体的特性以及拥有对情境或信息的持续反应;自我概念是指一个人的态度、价值观及自我印象;知识是指个人在特定领域的专业知识;技能是指个人所拥有的动作技能和心智技能。

冰山模型借用弗里伊德(Freud)人格理论中的比喻,认为知识和技能是处于水面以上看得见的冰山,相对容易观察和评价,可以通过训练等加以改进。而自我概念、特质和动机潜藏于水面以下,是看不到的,必须通过具体的行动加以推测,也最难改变或发展。而洋葱模型的本质内容与冰山模型是一样的,但是此模型对胜任力的表述更突出其层次性。在这个模型中,最表层的是知识和技能,然后由表层到里层,依次为自我概念、态度和价值观以及特质和动机,个体最深层次的胜任力要素是最里层、最核心的特质和动机,它们最不容易改变和发展。在胜任力定义上持有特征观的学者基本上认可胜任力的特征性模型。

(二) 情境性模型

该理论模型认为,个体在工作中的有效或优秀绩效,是由组织面临的环境要求、个体所面临的工作要求以及与此要求相适应的胜任力的共同作用下取得的,因此胜任力是情境性的,并不是普遍的。例如,桑德伯格(Sandberg)认为,工作中人的胜任力并不是指所有的知识和技能,而是指那些在工作时人们使用的知识和技能。

以上不同学者对胜任力理论模型的不同意见,反映了有关胜任力的第三个争论:特殊性之争,即胜任力是普遍性的还是特殊性的、情境性的。

借鉴以前学者的研究精髓,按照胜任力的层次性以及发掘的难易程度,并结合地壳组织三个圈层与胜任力的相似性,本书提出高管胜任力的"地壳模型"。也就是说,管理知识相当于地球的地壳层,属于最容易被发掘和培训的部分,是作为企业高管表层的要求;管理技能相当于地幔层,其提升难度介于管理知识和管理素质之间,也是企业高管所必须具备的;而管理素质作为企业高管最核心的胜任力要素，其挖掘和提升的难度最大，但同时也是企业高管最核心的胜任力要素，是其发挥作用的指挥中枢，如图2-4所示。

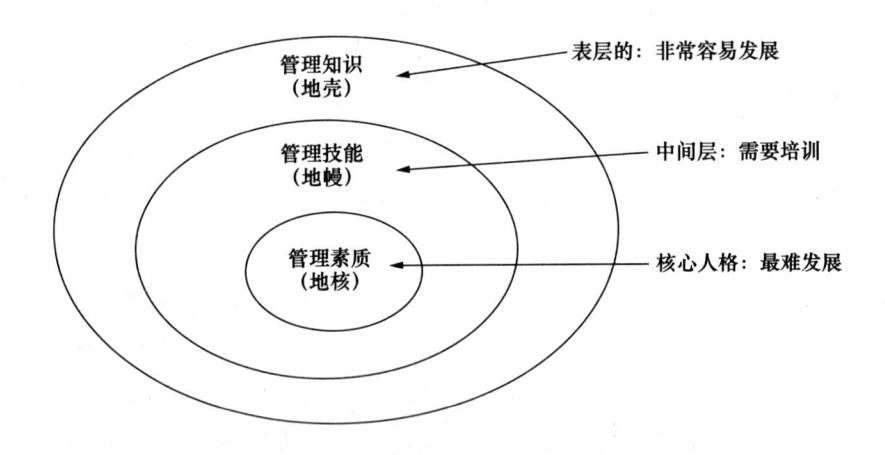

图2-4 高管胜任力的地壳模型

此外，还有很多学者对于胜任力的内涵及维度的研究进行了不懈的探索，主要代表人物如表2-3所示。

表2-3　　　　　　　胜任力内涵的代表研究

代表人物	胜任力的内涵
斯托格迪尔 （R. M. Stogdill, 1948）	(1) 智力过人；(2) 在学术和体育运动上取得过成就；(3) 感情成熟，干劲十足；(4) 有良好的社交能力；(5) 对于个人身份和社会经济地位的欲望
吉尔伯特 （Gilbert, 1969）	(1) 善言辞；(2) 外表英俊潇洒；(3) 智力过人；(4) 有自信心；(5) 心理健康；(6) 有支配他人的倾向；(7) 外向而敏感
美国企业管理协会 （1970）	知识，动机，特质，自我意向，社会角色
吉塞利（1971）	(1) 才智，语言才能；(2) 首创精神，善于开拓新方向，有创新愿望；(3) 督导能力，能指挥他人；(4) 信心，有较高自我评价；(5) 与员工关系密切；(6) 决断能力；(7) 刚性和韧性，兼备男性与女性共同的优势；(8) 成熟程度，高度成熟

续表

代表人物	胜任力的内涵
麦克利兰（1973）	与工作或工作绩效或生活中其他重要成果直接相似或相联系的知识、技能、能力、特质或动机
舒尔茨（1973）	处理不均衡事务的能力
Guglielmino（1979）	（1）概念胜任力：包括决策能力、为组织利益寻找机会与创新的能力、分析经济与竞争环境的能力以及如企业家一般的思考能力等；（2）人际胜任力：包括沟通、领导、谈判、分析及自我成长的态度等；（3）技能胜任力：包括计划个人事业、掌管自我时间的能力等
埃弗茨和伊德斯（Everts and Eads, 1979）	学习者在预期成果表现的程度上展示出知识、技能、能力、特质或动机
麦克拉根（1980）	足以完成主要工作结构的一连串知识、技能和能力
博亚特齐斯（1982）	个体的潜在特征可能是动机、特质、技能、自我形象或社会角色，或者他/她所使用的知识体等，它将产生有效的或优异的工作绩效
博亚特齐斯（1994）	个人固有的产生满足组织环境内工作需求的行为能力，这一能力反过来会带来预期的效果
博亚特齐斯（1996）	指影响个人在工作上表现出更高工作绩效及成果的基本关键特性
斯宾瑟和斯宾瑟（L. M. Spencer and S. M. Spencer, 1983）	成就：主动性、捕捉机遇、坚持性、关注质量；个人成熟：自信；控制与指导：监控；体贴他人：关系建立
本尼斯（Bennis, 1984）	令人折服的远见和目标感、清晰地以下属乐于接受的方式表述这一远见、始终如一地全身心地追寻这一远见、了解并能发挥自己的优势
金（King, 1985）	一个人从事某项工作时，为能有效地进行该项工作所需具备的知识、技能与态度
保卢斯和马丁（Paulhus and Martin, 1987）	动机、认知、自我管理、人际协调、处理问题等方面
英国的职业标准计划（1988）	对在某一特定工作领域工作的个体应该能够达成的事情的描述，它是对保证个体胜任工作的外显行为的表述

续表

代表人物	胜任力的内涵
法纳姆（Furnham，1990）	员工为了工作具有的最基本的能力和潜力
Hooghiemstra（1990）	动机、特性、自我定义、态度或价值、知识内涵，或是认知技能或行为技能，是任何可以被衡量或考察的个体特点；是任何可用来明确区分优秀业绩和普通业绩或者区分有效业绩和无效业绩者的个体特点
伍德拉夫（1991）	个体的相关行为的类别，是一种明显的、能使个体胜任某项工作的行为
弗莱彻（Fletcher，1992）	有能力且愿意运用知识、技巧来执行工作的要求
斯宾瑟（1993）	与有效的或出色的工作绩效相关的个人潜在的特征。包括五个层面：知识、技能、自我概念、特征和动机
迈克尔（1993）	有效的组织信息并灵活应用，能够认知不同环境，产生适应性的一种综合素质
德鲁恩和克莱纳（Derouen and Kleiner，1994）	技能、人际及概念等
斯宾瑟、麦克利兰和斯宾瑟（1994）	动机、特质、自我概念、态度或价值观、知识或技能等能够可靠测量并能把高绩效员工和一般绩效员工区分开来的个体特征
莱德福德（Ledford，1995）	包括三个概念：一是个人特质，即个人独具的特质，包括知识、技能和行为；二是可验证性，即个人所表现出来的、可以确认的部分；三是产生绩效的可能性，即除了现在的绩效表现，还注重未来的绩效。整合三个概念，胜任力是个人可验证的特质，包括可能产生绩效所具备的知识、技能和行为
科克里尔（Cockerill，1995）	相对稳定的行为，这些行为所连续创立的程序可以使组织能够了解、适应新的环境要求，并能对环境加以改变以更好地适应不同利益的需要
弗莱什曼、乌尔曼和马歇尔（Fleishman, Wetrogen Uhlman and Marshall-Mies，1995）	指知识、技能、能力、激励、理念、价值观和兴趣的综合

续表

代表人物	胜任力的内涵
拜厄姆和莫耶（Byham and Moyer, 1996）	一切与工作有关的行为、动机与知识，而这些行为、动机与知识是可以被分类的。行为胜任力是指会导致绩效好坏的个人行为，包括言辞与行动；知识胜任力是指个人所知晓的事实、技能、专业、程序、工作和组织等；动机胜任力是指个人对工作、组织或地点的感受
拉林（Raelin, 1996）	要素包括：管理工作、管理人、技术领导、创新/变革、客户关系、道德规范、沟通、团队向导、系统整合、财务管理能力、额外努力、危机处理、实践导向和质量承诺
博罗夫斯基和戴尔（Blancero Boroski and Dyer, 1996）	包括知识、技能、能力及其他借以达成未来行为为目标的因素，并可以分为八大类：管理胜任力、商业胜任力、技能胜任力、人际胜任力、认知/想象胜任力、影响风格胜任力、组织胜任力和个人胜任力
曼斯菲尔德（1996）	精确、技能与特性行为的描述，员工必须依此进修，才能胜任工作，并提高绩效表现
斯图尔特和琳赛（Tompson Stuart and Lindsay, 1996）	销售与营销、控制、组织、技术创新、人力资源、投入以及应变性
科汉斯基（Kochanski）	在工作情景中员工的价值观、动机、个性或态度、技能、能力和知识等关键特征
米拉比莱（Mirabile, 1997）	与高工作绩效相关的知识、技能、能力或特征
卡雷斯和奥尔伍德（Caress and Allwood, 1997）	决策能力、人际技能、计划能力和组织能力
约翰·萨西克（John Sosik, 1997）	果断性、自我意识、认知复杂性使他们能够制定决策，并在危机关头保证战略的正确执行
克里斯滕森（Christensen, 1997）	期望、预期能力、处理复杂事务的能力、战略思考的能力和别人一起工作进行创造性变革的能力
帕里（Parry, 1998）	影响个人工作的最相关知识、态度及技能的集合，可借由一个可以接受的标准加以衡量，与工作绩效密切相关，并且可以通过训练与发展来加以改善

续表

代表人物	胜任力的内涵
格林（Green，1999）	指可测量的、有助于实现任务目标的工作习惯和个人技能
罗伯逊、卡利南和戴维（Roberson, Callinan and Dave，1999）	一种满足工作绩效要求时，个人所采取的行动、行为、程序与活动
安东尼特和莱普辛格（Anntionette and Lepsinger，1999）	包括行为、技能、知识、领悟力与个人特质
赫伯特（1999）	战略眼光、分析与判断、计划与组织、管理员工、说服、坚持性与果断、人际敏感性、口头沟通、毅力和适应能力、精力与主动性、成就动机和商业意识
桑德伯格（2000）	工作中的人的胜任力并不是指所有的知识和技能，而是指那些在工作时人们使用的知识和技能
泰特（Tett，2000）	那些可以归因为对组织有效性做出积极或者消极贡献的个人预期在工作行为中可以确定的方面，是一种未来导向的工作行为
托马斯（2002）	（1）机会相关能力；（2）组织相关能力；（3）战略相关能力；（4）关系相关能力；（5）概念相关能力；（6）承诺相关能力
刘易斯（2002）	成就导向、信息搜寻、客户服务导向、组织关怀、专业技能、诚实、洞察力、团队合作、领导力、分析思维、创新、自我控制、自信、自学、沟通交流、人际关系建立、乐观和热情共18项
霍斯特·伯格曼（2002）	（1）创造并描述一种意图；（2）管理好实现该意图所需的变化；（3）对已确认客户需要做出反应；（4）支持个体努力；（5）支持团体努力；（6）分享信息；（7）做出解决问题的决定；（8）管理功能交叉；（9）具有良好互补的技术技能；（10）能合理地分配时间并管理资源；（11）显示出超越工作需要的主动化；（12）对自己的行动和团队的行动负责；（13）能控制自己和他人的情绪；（14）遵守职业道德规范；（15）具有同情心；（16）其阐述能够说服别人
王辉（2002）	对环境的敏感、激励者、分析者、人际关系能力、魅力、创造性和冒险意识、仁慈、德行、权威
彭剑锋（2003）	知识、技能、个性与内驱动

续表

代表人物	胜任力的内涵
布诺和塔布斯（Bueno and Tubbs, 2004）	沟通技巧、学习动力、灵活性、开放性、尊重他人和敏感性
约翰·艾德尔（2004）	(1) 决策能力；(2) 领导能力；(3) 正直；(4) 热情；(5) 想象力；(6) 努力工作的意愿；(7) 分析能力；(8) 对人的判断力和洞察力；(9) 善于发现机会；(10) 逆境应对能力；(11) 适应能力；(12) 冒险精神；(13) 进取心；(14) 说话条理清晰；(15) 反应灵敏；(16) 进行有效管理的能力；(17) 思想开明；(18) 坚忍不拔；(19) 长时间工作的意愿；(20) 有报负；(21) 专心致志；(22) 写作能力；(23) 好奇心；(24) 处理数字的技巧；(25) 抽象思维
仲理峰、时勘（2004）	威权导向、主动性、捕捉机遇、信息寻求、组织意识、指挥、仁慈关怀、自我控制、自信、自主学习、影响他人
姚翔、王垒（2004）	个性魅力、应变能力、大局观、人际关系处理能力、品格
魏军、张德（2005）	把握信息、拓展演示、参谋顾问、协调沟通、关系管理、自我激励
刘学方、王重鸣（2006）	组织承诺、诚信正直、决策判断、学习沟通、自知开拓、关系管理、科学管理、专业展览
陈万思（2007）	基准性胜任力、鉴别性胜任力、发展性胜任力

注：胜任力的不同定义按照时间顺序排列给出的，它并没有完全代表胜任力概念的演进历程。

资料来源：笔者根据相关资料整理。

可见，这些定义与麦克利兰对胜任力的看法大同小异。胜任力概念包含着对于任务、岗位或职务要求胜任的含义，即针对外部标准来看综合性能力。在应用研究上，相应地需要导入胜任力组合观点，考察哪些个体特征的组合能更好地预测管理绩效。

需要指出的是，初期文献中，研究者使用的术语是 competence（胜任力），后来 competency（胜任特征）逐渐被更多的研究者使用。这也代表了目前学术界对胜任力内涵所持有的两种不同的观点：特征观的持有者们认为所有生理和心理的个体特征，不论是内隐的还是外显的，只要能将绩效优异者和绩效一般者区分开来就都可以界定为胜任力；而行为观的持有者则认为胜任力是人们履行工作职责时的行为表现，是保证人们胜任工作的外显行为的维度。也有学者认为这两个术语现在有合并的趋势，这两个词从字面上区分没有多大的意义。

其实，与西方国家相比，我国对管理者胜任力的研究探索由来已久。儒家、《孙子兵法》与诸葛亮的《将器》及近代的《冰鉴》中都有对领导能力的详细记载。如儒家思想是历代统治者选贤任能的最高依据。孔子从王道的角度提出了"仁爱"这个伦理道德为中心的素质内容，特别强调全面的领导者素质修养；孟子也提出了义、志、气、巧、达、自省等素质思想，丰富了儒家学说中关于素质的思想理论；孙武在《孙子兵法》中提出，作为军队领导者的将军必须具备智、信、仁、勇、严五德。孙武的理论观点，不仅在当时成为考察、选拔、任用和考核将官的依据，而且对后世特别是三国时期领导者的考评和选用产生了重大的影响，诸葛亮考评将才的理论与操作办法就可以溯源于此。

近年来，一些企业公司率先在我国建立了适合于自身的胜任特征模型，作为选人、用人、育人、留人的标准。也有部分大公司开始针对关键职位着手建立领导力素质模型、基于能力模型的管理培训体系等。

综上所述，可以看到目前国内有关胜任力的研究大多从心理学的领域出发，建立了高层管理者、中层管理者与基层管理者等岗位的胜任力模型，主要为通用胜任力模型，对胜任力与企业其他领域的研究具有很大的发展空间。

四　高管胜任力测量及指标体系

20世纪80年代，英国开始胜任力的研究和应用，随后胜任力在西方国家掀起了应用狂潮,其他国家也开始胜任力的研究和应用的探索,建立了一系列的胜任力模型库和测量量表。

一般来说,胜任力测量的主要方法是建立胜任力模型。胜任力模型是指针对某一特定工作的胜任力要素,或从事某一特定的工作需要具备的胜任力要素的总和。胜任力模型最大的贡献是,它综合反映了某一既定工作中影响个体成功的所有重要的要素,能为某一组织、某一项工作或某一工作角色提供一个成功模板。一个科学的胜任力模型应该可以清晰地反映出组织中绩效优秀者与绩效一般者之间的差异,构成模型的胜任力要素应该可以准确地反映出被研究对象的工作特性。

正确构建胜任力模型是保证研究科学性和有效性的关键。学者们曾提出了多种构建方法,如焦点访谈法、团体多层次水平考察法、专家调查、专家会议法、观察法、现象记录法等。但目前学术界公认的还是美国心理学家麦克利兰提出的行为事件访谈法(BEI)。该方法采用开放式的行为回顾式探察技术,通过让被访谈者找出和描述他们在工作中最成功和最不成功的三件事,然后详细地报告当时发生了什么。具体包括:这个情境是怎样引起的?牵涉到哪些人?被访谈者当时是怎么想的,感觉如何?在当时的情境中想完成什么,实际上又做了些什么?结果如何?然后,对访谈内容进行分析,来确定访谈者所表现出来的胜任特征。

麦克利兰运用行为事件访谈法帮助两家跨国公司建立了高层管理人员的胜任力模型。结果表明,使用胜任力模型作为高层管理人员选拔的标准,使公司高层管理人员的离职率从原来的49%下降到6.3%,追踪研究还发现,在所有新聘任的高层管理人员中,达到胜任力标准的有47%在一年后表现比较出色,而没有达到胜任力标准的只有22%的人表现比较出色。因此,胜任力模型被各种不同的组织视为卓有成效的人力资源管理工具,并受到了追捧,《财富》500强企业中已有超过半数的公司应用胜任力模型。

同时,麦克利兰和博特齐斯开发了一个以行为事件访谈法为基础的胜任力模型的开发程序：（1）界定在所研究的岗位上的优秀业绩者和普通业绩者；（2）使用行为事件访谈法对两组样本进行访谈；（3）定义能够对优秀业绩者和普通业绩者进行区分的胜任力；（4）寻找并发展测量这些胜任力的方法；（5）重新选择两组样本对这些胜任力进行检验，以保证测验成功。在此基础之上，斯宾瑟进一步完善了胜任力模型构建的方法，提出了胜任力建模的六个步骤：确定有效绩效标准→选择效标样本→收集资料→建立胜任力模型→胜任力模型的验证→胜任力模型的应用。

国外的胜任力模型研究应用广泛，取得了显著的成果。在两项基于 292 个和 426 个组织的调查中，分别有 75% 和 80% 的公司开始将胜任力模型应用于他们的人力资源管理实践中。胜任力模型正逐渐成为招聘、绩效评估、培训、薪酬等人力资源管理活动的基础。此外，胜任力模型的研究成果除了在企业中得到很大的应用和发展之外，在公共教育和政府行政管理中也得到了重要的应用。如斯特恩伯格提出了教育领导者的 WICS 模型，此模型由智慧、智力（成功智力）、创造性、综合能力 4 个因子组成。

Mcber 公司经过多年的积累开发出 21 项通用胜任力模型，并以此为基础为许多企业或政府开发出具体的胜任力模型。Hay Group 公司基于 30 多年胜任力的研究，建立了丰富的胜任力模型库。同时还开发了大量的胜任力评价问卷，并且都配有评价反馈和配套的胜任力发展指导手册。近年来，Hay Group 公司开始关注于管理者的管理能力和领导能力等胜任力要素，并开发了相关评价问卷，如 MCQ 管理胜任力问卷（Managerial Competency Questionnair，MCQ）、LCI 领导胜任力问卷（Leadership Competency Inventory，LCI）。

奥尔德雷奇（Alldredge）等在帮助著名跨国企业 3M 公司所做的公司中高层后备人员胜任力模型中，确定胜任力模型应包含道德与诚信、智力、成熟与判断力、顾客导向、健康交易、全球化视角、愿景与战略、组织敏捷、鼓舞他人、培育创新和员工发展等维度。

拉塞尔（Russell）通过98名高层管理者的行为事件访谈探讨高层管理者的胜任力模型。经研究发现高层管理者胜任力模型包括确定方向、员工配置、业务执行、财务分析、信息沟通氛围建设、战略制定与执行、顾客及其他外部关系维护、产品设计及市场开发以及组织目标和个人目标整合等能力。

荷兰SPS（Dutch Senior Public Service，SPS）管理办公室借鉴已有的21个胜任力模型，使用工作分析法、观察法和专家系统数据库等方法，建立了公共服务与管理人员的胜任力模型。此胜任力模型包括7个核心胜任力，分别是自我知觉、学习能力、环境知觉、员工发展、口才、正直、创新。

仲理峰、时勘（2004）采用BEI方法，对家族企业高层管理者胜任特征模型进行了研究，表明我国家族企业高层管理者胜任特征模型包括威权导向、主动性、捕捉机遇、信息寻求、组织意识、指挥、仁慈关怀、自我控制、自信、自主学习、影响他人11项胜任特征。

潘文安采用BEI方法，通过对部分IT业项目管理人员进行访谈，建立了IT业项目经理人的胜任特征模型。IT业项目经理人胜任特征模型包括成就欲、行为主动性、信息寻求、客户关系、商业谈判、影响力、技术专长、发展他人、团队领导、团队协作、风险识别与控制和时间管理。

魏钧、张德（2005）对3家商业银行中的客户经理进行研究，采用了团体焦点访谈、行为事件访谈，收集了2069份有效问卷提炼出把握信息、拓展演示、关系管理、自我激励、参谋顾问和协调沟通六项商业银行客户经理胜任特征。

郑学宝、孙健敏采用行为事件访谈法、问卷法，结合自由联想法和半结构化访谈法、文献回溯和专家小组座谈法，对县级党政领导正职的胜任力模型进行研究，发现县级党政一把手胜任力要素相似，都是由知识、能力、素质和个性特征4个维度、45个胜任力要素所构成的。

刘学方等通过文献回顾、访谈以及对200多家完成继承的家族企业中高层管理人员问卷调查的方法，通过探索性和验证性因子分析在国内外首次建立了家族企业接班人胜任力模型。

张兰霞等提出具有东北区域特征和国有企业特征的，包括个人成熟、战略决策能力、分析与概念性思维团队领导、协调监控能力、关系能力、洞察力、影响力和个人驱力九类因子的东北老工业基地国有企业高层管理者胜任力结构模型。

林泽炎等（2007）提出的转型时期中国企业家胜任特征的模型包括个性特征、行为特征和能力特征。其中个性特征包括责任心、韧性和创新精神三个因子，行为特征包括协调与合作、决策行为、指导下属和个人表率四个因子，能力特征包括决策能力、人才选用能力、沟通协调能力与创新能力四个因子。

在借鉴上述胜任力模型构建方法的基础上，按照实证分析的研究思路，本书结合了BEI方法和问卷调查的优点，在初始胜任特征要素凝练时从胜任力要素的需求和供给两个层面着手，紧紧围绕研究主旨，探讨高管胜任力的完善对企业履行社会责任的作用机理。

五　高管胜任力研究文献评述

从以上文献可以看出，近半个世纪以来对胜任力的研究，更多的是对其概念、内容以及测量指标体系的研究。近年来，有的学者试图将研究焦点转向胜任力能够为企业带来什么，于是便产生了胜任力与企业绩效关系的研究。

中国背景下企业高层管理者的战略领导能力同样也受到研究者的关注。尤其是在20世纪70年代，人们更加关注这些具有儒家传统文化的企业是如何经营与管理的。萨琳（Saline，1976）、雷丁（Redding，1990）、韦斯特伍德（Westwood）和Chan（1992）等学者进行了定性和定量的研究，探讨企业高层管理者战略领导能力的表现及对企业业绩的影响。中国内地的一些学者也研究了企业高层管理者的行为在中西方文化上的差异，以及这些领导行为对企业管理效果的影响。

Xu（1989）和凌文栓（1991）的研究中发现：工作绩效、团体维系和个人品德是解释中国领导管理效果的三个维度。他们提出的 CPM（Character, Performance and Maintenance, CPM）理论，拓展了 Misumi（1985）提出的 PM 领导理论。

王重鸣、陈民科（1999）运用基于胜任力的职位分析方法，对全国 5 个城市的 51 家企业的 220 名中高层管理人员进行了访问调查，通过实证评价，获得高级管理者的胜任力特征结构，并运用结构方程模型等方法进行比较分析，揭示了不同职位层次（总经理、副总经理）在胜任力特征结构上的差异，为高级管理者测评模型的建立提供了依据。

王重鸣教授领导的"管理胜任力特质分析的研究"课题小组，以结构化访谈与开放式量表调查相结合的方式获得高级管理者的胜任力模型，并运用结构方程模型等方法进行分析，揭示不同职位层次在胜任力结构上的差异。他们指出，胜任素质是导致高管绩效产生差异的知识、技能、能力以及价值观、个性、动机等特征。

仲理峰和时勘（2003）在《胜任特征研究的新进展》一文中，对胜任特征研究的历史进行了简单回顾，介绍了胜任特征研究的主要途径和方法，分析了各种胜任特征概念的优点和不足，同时还对有关胜任特征模型的研究及其研究方法进行了总结。

苗青、王重鸣（2003）从胜任特征角度出发，分析了基于企业竞争力的企业家胜任特征模型，以企业绩效为导向，整合了竞争力理论的研究成果，提出机遇、关系、概念、组织、战略和承诺六大胜任力因素。主张用企业家胜任力来提高企业竞争力，预测长期绩效。

贾生华（2004）构建基于企业家能力的企业成长的一般逻辑，并指出，企业高管的能力和企业成长之间具有动态适应。

林绮、谷珊珊（2006）的研究中提出了领导能力的 7 个主因素：激励能力、团队建设能力、外部协调与沟通能力、危机处理能力、决策能力、影响他人的能力、信息收集的能力,研究发现领导能力与员工任务绩效和关联绩效均呈显著正相关性。

赵曙明、杜娟等(2007)则进行了企业经营者胜任力及测评理论研究,研究了企业经营者胜任力对选拔和任用企业经营者的重要意义。

综上所述,国内外有关胜任力的研究得出了许多有意义的结论,但是也存在一些不足,主要表现在以下三个方面:

第一,方法论的局限性。在对胜任力结构的研究中,静态分析法被普遍采用。它没有对要素之间的关系进行探讨,而只注重构成要素的划分。这就难以对具有系统特征性的胜任力结构做出恰当的建构。只有摆脱就事论事的局限,并建立胜任力各要素之间的科学逻辑关系,才能够更深刻、更全面地理解胜任力的本质和规律。

第二,研究方法单一。我国目前的研究中,主要通过问卷调查的方法请研究对象自述胜任力特征来获得题项等。但对这些方法的适用性、科学性的比较研究还较少。

第三,对胜任力与企业其他行为的关系研究还比较薄弱。研究胜任力的主要目的并不是为了胜任力本身,而是为了企业的整体目标服务。可是目前的研究在胜任力要素的确定上比较求全,面面俱到,忽视了胜任力要素与企业其他行为的关系。有些胜任力要素可能对企业重要行为并不会产生直接的影响,这就降低了胜任力模型的有效性。

第四节 管理者胜任力与企业社会责任关系研究文献综述

企业高管是企业组织的主要决策者,是沟通组织内部和市场外部利益相关者的信息通道。其最主要的职能就是要应对市场的变化,降低经营风险、科学决策、提高组织效率。因此,高管胜任力的强弱对企业社会责任的履行产生直接和间接的影响,这是管理理论所不能忽视的。

大量早期关于胜任力的研究集中于对低层研究者做什么或应该做什么,他们试图去提供导向、支持并对下属进行反馈。在组织管理领域,对企业绩效的解释很长一段时间集中在经济、技术因素上,同时管理者的知识和能力,以及信息、技术、公司治理等因素被认为是企业经营管理过程中的主要变量。直到1984年,汉布里克和梅森提出了上层梯队理论,认为企业的经营成果(战略上的和业绩上的)只是企业高管价值观和认知的反映,高管的特质与企业经营效果的联系是密不可分的。自此研究者开始实证性地探讨企业高层管理团队的能力对企业的重要作用。

企业高管是影响组织发展和战略实施的重要因素。从企业高层管理者自身角度而言,其管理素质对企业社会责任的履行有正向的影响。其专业知识结构,"作为个人对所处的信息环境的内容和形式的概括和认识的智力框架",为管理者成功的行为提供了很好的注解。而管理者行为和管理行为本质上就是一种将复杂的信息简化,并帮助自己认识、储存和使用相关信息的一种信息处理的过程。同时,企业高层管理者的价值观也会对组织战略选择、竞争行为乃至长远绩效有显著的影响。这种影响会导致公司的收益或给予股东的回报方面相差至少15%,同时,无论企业环境如何变化,积极的领导心态和领导行为都有利于在企业中形成克服一切困难的主心骨。

从企业内部角度而言,高管所发挥的作用能影响企业的战略决策、管理效率、组织士气等,进而成为决定企业成败的关键因素。这种能力可以直接为企业创造效益,如钱德勒和汉克斯(Chandler and Hanks,1994)对企业高层管理者能力的研究指出,企业高管的战略领导能力将直接为企业带来经济效益,包括利润和市场占有率的提升。戴维等(2004)认为,企业高管的关键行为包括提供使命、愿景及价值观等。此外,企业高管的作用还体现在其能力能够显著提升企业的整体管理体系。

从企业外部角度而言，企业高管对预测制度需求的变通能力对企业成长有正相关作用；企业在面对全球竞争的环境时，有效的战略领导能力可以使企业的绩效避免较大的损失；高层管理者对机会的认清与探索可以增加一定的商业价值；同时可以使企业获得持久的竞争优势。

综上所述，无论是家长式领导，还是 CPM 理论，都反映了东西方文化背景下领导行为的差异。一些跨文化研究表明了中国社会存在比西方国家更大的权力距离（Hooted，1980）。这些文化的差异，加之政治、经济、法律等规范的不同，必然导致在中国企业环境下，企业高层管理者的战略领导能力与西方企业管理者不同。同时，随着时代的变迁，中国企业在当前经济环境下，企业高层管理者的战略领导能力与 20 世纪 80 年代相比有着什么样的不同？这是本书所要解决的第一个问题。随之而来的另外一个问题，就是这些能力如何对企业的社会责任产生影响。

近年来，国内外学者对企业社会责任和管理者胜任力的研究均呈现增长趋势。研究企业社会责任的文章大多集中于对企业社会责任内容的界定、与利益相关者的关系、与企业绩效或竞争优势等的研究，也有部分文章提到企业社会责任的履行途径，但主要是从宏观调控、法律法规等方面进行阐述。对企业社会责任提升途径的研究，大多集中于对政府宏观调控、政策法律法规等的论述，如王晶晶（2003）认为，通过社会呼吁、舆论宣传或者指望企业家道德良心发现来激励企业实施社会责任行为是不会有持久性的。白永秀、赵勇（2006）则具体分析了企业承担社会责任的激励机制问题。他们认为，得出企业承担社会责任的动因和机理在于企业受到习俗、惯例等非正式制度以及由此逐渐演化以标准、法律等为形式的正式制度的约束，并通过激励机制的传递使个体利益与集体利益趋于一致从而使企业在实现自身利益时自发考虑非股东利益的内生行为。然而，对于高层管理者胜任力的研究主要从胜任力模型，以及其余企业绩效的关系展开研究,而缺乏对高层管理者胜任素质与其他更多领域的探讨。

可见,无论是对企业社会责任的研究,还是对高层管理者胜任力的探讨,都显示出日益成熟的趋势。如果能将两者相结合,分析提升社会责任的内部机制,即通过提升企业高管胜任力的管理,加强企业对社会责任的履行,则对于两者的研究意义都将是一个很大的提升。

第三章 理论依据、概念模型与研究假设

根据卡罗尔（1979）对企业社会责任的经典定义，任何一个企业，无论其是否愿意，都在不同程度上履行着其社会责任。但大部分企业的这种行为是希望获得利益相关者的更多支持，而并非完全出于公益目的。可见，想要获得不同偏好的利益相关者的支持，就必须不断地提升社会责任的履行。本章将探讨如何使企业更好地为利益相关者提供服务。在上一章对企业社会责任及高管胜任力等概念的研究评述基础上，本章将结合相关理论依据，进一步探讨企业社会责任和高管胜任力之间的逻辑关系，从而构建其概念模型，并提出研究假设。

第一节 方法论依据

著名的歌德尔定理曾指出：要证明任何一种具有足够说服力的理论，都必须由比该理论更"强"的理论或者手段来证明其合理性。也就是说，如果用比一个理论体系更"弱"的或者理论自身来证明其合理性的话，推导出的命题将无法被承认。可见，就其理论本身来讲，它总是不够完备的，要证明自身的合理性，就一定要凭借另一个比它"强"的理论。

一 系统论

系统论是科学高度发展的产物，它对于理解复杂系统具有重要

的指导价值，并提供了一种科学的思维方式，这种思维方式更适合复杂系统特点的应用。

由部分组成的整体称为系统，它源于古希腊语。在系统科学的庞大体系中，不同学科由于研究范围和重点不同，常给出不同的系统定义。在技术科学层次上，通常采用钱学森的定义：系统是由相互制约的各部分组成的具有一定功能的整体；在基础科学层次上，通常采用贝塔朗菲的定义：系统是相互联系、相互作用的诸元素综合体。系统中的三方面构成相辅相成的关系，即要素、系统及环境。

把系统概念和系统原理引入方法论，便形成了系统方法论。它的核心思想正如钱学森所言："系统是整体论与还原论的辩证统一。"从这个意义上讲，系统方法论借鉴了整体论和还原论的思想，即将分析思维与综合思维、分析方法与综合方法结合起来，确保对整体的认识建立在对部分精细了解的基础上。然而，即使用科学的综合方法对问题作出深入的分析，还是需要人脑的直观领悟，使潜意识层次积累的认知成果通过非逻辑方式转换为显意识层次的认识。因此，系统方法论可用图3-1来示意。

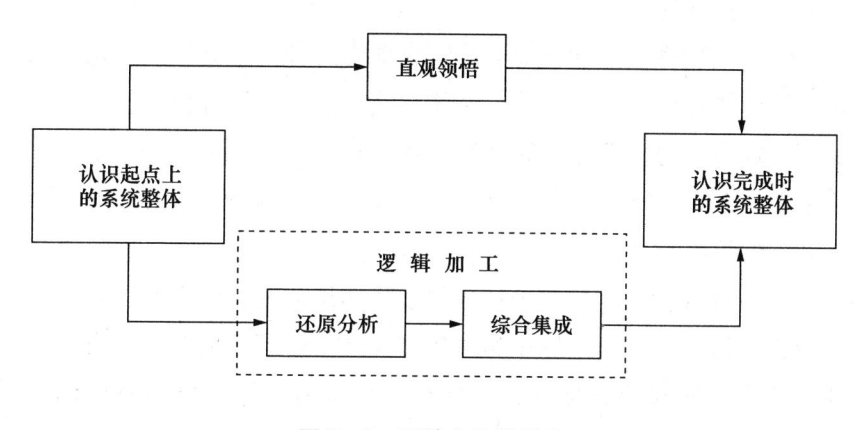

图3-1 系统方法论示意

可见，系统论的主要功能是控制、管理及改造新的系统，而不仅仅是认识系统的特点和规律。也就是说，协调各要素之间的关系，并调整系统结构，最终使其达到最优化是研究系统的主要目的。因此，将所研究和处理的对象当作一个系统，并分析其结构和功能，这就是系统论的基本思想方法。同时，系统应具有以下基本特征：

（1）多元性。最小的系统由两个元素构成，称为二元系统。一般系统均由多个元素组成，称为多元系统。还有一些系统由无穷元素构成，即无线系统。可见，凡是系统，就必须含有两个或两个以上的元素，这被称为系统的多元性。

（2）相关性。同一系统的不同元素之间按照一定的方式相互联系、相互作用，不存在与其他元素无任何联系的孤立元。所谓"一定方式的联系"，是指元素之间的联系具有某种确定性，这种确定性是人们辨认该系统，从而将其与其他系统区分开来的依据。

（3）整体性。多元性加上相关性，便产生了系统的整体性和统一性。凡是系统都具有整体的形态、结构、边界、行为及功能等。所谓系统观点，首先就是整体的观点，强调考察对象的整体性，进而从整体上认识和处理问题。在这个有机整体中，各要素之间相互依存、相互制约。

（4）结构性。元素和结构是构成系统的最基本方面，系统是元素与结构的有机统一。同时，这种系统元素只有经过相互作用，并按照一定的结构组织起来的客观存在才构成系统。因此，调整好结构是实现系统功能的一个重要途径，这在科学研究和社会实践中已受到人们的广泛关注。

（5）开放性。任何一个具体的系统都是从普遍联系的客观事物之中相对划分出来的，与外部事物都存在千丝万缕的联系，有元素或子系统与外部的直接联系，更有系统作为整体与外部环境的联系。这种系统与环境进行交换的特征称为系统的开放性。

（6）自调节性。在开放的环境中，为了达到预期目标，系统会根据周围环境的变化自动调节自身行为的功能，这被称为系统的自调节性。它使系统的目的性得以充分体现。需要强调的是，这种目的性体现了行为的内在规律性和因果性。因为它是将获取系统先前行为的结果作为反馈信息，然后为自身下一步行为提供依据，从而适应环境的变化。可见，这种自调节性与人具有明确意图的目的性有着本质区别。

二　企业社会责任与高管胜任力关系的系统特征性分析

企业社会责任与高管胜任力的关系是根据具体情景而形成的较为复杂的自组织系统，一般具有开放、动态的系统特点。随着企业环境的变化、社会的发展，它将发生变化。

（一）两者关系的整体性

企业社会责任及其高管胜任力的内容是由不同因素构成的一个有机系统，两者的构成要素并不是简单相加，更不是由一些简单因素无逻辑地堆积而成，而是一个具有内在逻辑规律的对企业发展至关重要的有机整体。

（二）两者关系的结构性

高管胜任力与企业社会责任的内在关系体现了系统结构性特点。作为企业不可分割的组成部分，这两者是按照一定的方式和程序结合在一起的，相互协同又相互制约。一般来说，不同的高管胜任力影响企业社会责任的履行结果。

（三）两者关系的相对稳固性

企业社会责任和高管胜任力之间的内在关系具有相对的稳固性，这种稳固性可以保证企业通过不断完善其高管胜任力的相关因素，不断提升其社会责任的履行，从而得到预期效果。当然，两者关系的稳固性并非是指它的一成不变，而只是指它的相对稳固性，如外部环境的改变或不同的企业性质、规模等都可能导致两者关系的变化。

（四）两者关系的条件性

任何事物的适应性都具有与其相应的制约条件，高管胜任力对企业社会责任的影响程度也受很多条件的影响与制约，如政治环境、经济发展程度、公众认知程度等。因为对于微观主体的企业来讲，其很多活动必须受到外部宏观条件的制约与影响。

（五）两者关系的发展性

企业社会责任和高管胜任力之间的关系不仅是相对稳定的，而且是不断发展变化的。一方面，如上所述，企业处于国际国内这样的宏观影响下；另一方面，企业自身也在不停地经历着成长→发展→成熟→衰退的过程。可见，两者的关系是一个动态的均衡。

第二节　研究模型理论依据

20世纪70年代开始，就有大量的国内外学者分别对企业社会责任和管理者胜任力的理论基础进行研究。学者从不同角度出发，分别论述了两者的现实基础与理论依据等，比如，以管理学与经济学为代表的利益相关者理论、以解释企业可持续竞争优势为目的的资源基础理论、以伦理学为支撑的企业伦理理论、以社会学与政治学为核心的企业公民理论、以人力资源管理理论为依托的人—职匹配理论以及以知识管理为背景的隐性知识理论等。以下介绍这些理论的主要观点及内容，以期对企业社会责任和高管胜任力有更为深入的认识和把握。

一　利益相关者理论

利益相关者理论的提出为人们强调企业承担社会责任提供了现实依据，也是企业社会责任理论的重要理论基础。

（一）利益相关者理论的产生与内涵

随着企业与社会关系的不断发展，20世纪60年代产生了利益相关者理论。"利益相关者"范畴被第一次明确界定是1963年美国斯坦福研究院的一份研究报告，即"如果缺乏他们的支持，企业组织将不会存在"。直到1984年,作为利益相关者理论的突出代表人物,弗里曼在《战略管理利益相关者方法》一书中给出了关于利益相关者的经典定义:"利益相关者是能够影响组织目标的取得,或者受其影响的所有群体或个人。"随后,更多的经济学家、管理学家以及社会学家都纷纷加入到利益相关者理论的研究中,如多纳德逊(Donaldson)、琼斯(Jones)、克拉克森、科林斯(Collins)、卡罗尔、布莱尔(Blair)、米切尔(Mitchell),这些学者的不懈研究为推动利益相关者理论的完善和发展做出了巨大贡献。

此外,"企业是一组契约"是利益相关者理论的基本出发点,企业被理解为"所有利益相关者之间的一系列多边契约"。因此,企业通过各种显性和隐性契约来进一步规范其利益相关者的义务和责任,并将剩余索取权与剩余控制权在企业人力资本所有者和物质资本所有者之间进行对称性分布或非均衡的分散,从而为其利益相关者以及整个社会创造财富。然而,对利益相关者理论持批判态度的学者认为,股东利润最大化只是对产权的一种狭隘理解,更加符合实际情况的是基于"多元个体判断"形成的产权概念[①]。

其实,对于企业利益相关者的界定,学者们并没有达成共识。弗里曼(Freeman)、加瑞特(T. M. Grarret)认为,狭义的利益相关者是指为了实现组织目标而必须依赖的人;而广义上的利益相关者是指组织实现其目标过程受到的影响。黑尔和琼斯认为利益相关者是"通过一个交换关系的存在而建立起联系的对企业有合法要求权的团体"。克拉克森提出的概念为:"投入了一些人力资本、实物资本、财务资本或一些有价值的东西的团体,他们因企业活动而承担风险。"多纳德逊和普尼斯顿则指出利益相关者是"那些在公司活动本身及其过程中有合法利益的人和团体"。

1992年,按照特定团体与企业是否存在交易性合同关系,查克

---

① 多元个体判断产权是指财产所有权人可以自由地使用他们所拥有的资源。但根据功利主义原则,财产所有权人又必须压抑他们的自我欲望,以满足他人利益上的要求。

汉姆将利益相关者划分为：契约型利益相关者和公众型利益相关者。前者主要包括雇员、股东、分销商、供应商、顾客、贷款人，后者主要包括监管者、全体消费者、压力集团、政府部门、当地社区、媒体以及其他"第三部门"等组织。

克拉克森在1994年和1995年分别提出了两种有代表性的分类方法：一是按照相关群体与企业联系的紧密程度，将利益相关者分为主要利益相关者和次要利益相关者（见图3-2）。前者包括股东、员工、投资者、供应商、顾客等，如果缺乏他们的参与，公司就无法持续生存；后者包括学者、媒体和其他利益相关者，他们间接影响企业的运作或受到企业运作的影响。二是根据特定群体在企业经营活动中承担的风险类型，将其分为自愿的利益相关者和非自愿的利益相关者。前者是指在企业中主动进行了物质资本或人力资本投资的个人或群体，他们自愿承担企业经营活动带来的风险；而后者是指由于企业活动而被动地承担风险的个人或群体。

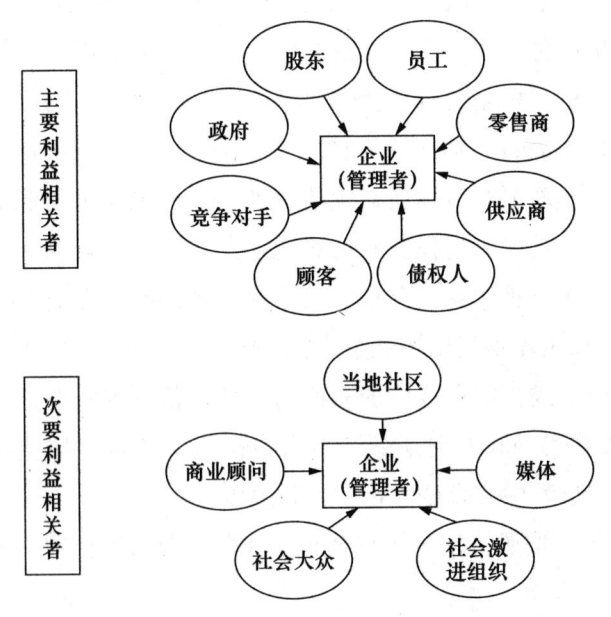

图3-2　主要利益相关者与次要利益相关者

资料来源：克拉克森（1995）。

(二) 利益相关者理论与企业社会责任

利益相关者理论产生之前,"股东至上理论"一直在企业所有权问题上占据主导位置。该理论认为,企业财产是由股东所投入的各种资本形成的,他们才是企业真正的所有者,并承担了企业的剩余风险。因此,股东"应该享有企业的剩余控制权和索取权"。然而,也有一些学者指出,包括股东在内所有企业利益相关者都应该拥有企业的经营管理权,其原因是,对于企业的生存与发展,他们也注入了一定的投资,也分担着企业的经营风险。如果这部分利益相关者不能得到合理的经营管理权,他们就会撤出其投资。这样必然为企业的生存和发展带来威胁。可见,利益相关者理论是对"股东至上理论"的颠覆。这种颠覆为企业社会责任理论奠定了坚实的理论基础。

一方面,社会生活中的任何事物都与其他事物共同处于社会网络中,而组成某种相关联系,而与之伴存的若干"利益相关者"则是不可或缺的。[①] 任何一个企业,从其产生就注定与股东、员工、供应商、消费者等产生关联,也就是这些群体的主体"利益相关者"地位;企业进行生产经营的其他必要组成部分,如政府、社区、环境也是其"利益相关者"的有机构成。利益相关者理论要求企业不仅处理好其对股东的责任,而且也要关注其他利益相关者的诉求,并积极承担起这部分责任。

另一方面,利益相关者理论要求企业将社会责任看成整个利益的一部分。为了促进企业的持续发展,企业必须最大限度地满足不同利益相关者的需求,即直接相关者的需求和间接相关者的需求。此外,还必须认识到不同的利益主体,也会存在不同的利益偏好。只有根据不同的需求,动员所有利益相关者积极参加到企业的经营管理中,才能保证整体利益最大化。

---

① 实际上,在日常生活中,许多表面上看来与企业无利益相关者也受到企业的影响或者影响着企业。

二 资源基础理论

1959年,美国学者彭罗斯(Penrose)用资源基础理论来解释多元化经营行为。她指出,企业实质上就是资源的集合体,在其经营过程中,总有部分资源未得到充分利用,而这部分资源在多元化经营中得以在不同行业间进行转移,使企业的资源得到最优配置,获得充分利用,最终实现规模扩大,从而提高企业绩效。同年在所著《企业成长理论》一书中,彭罗斯提出多元化是企业在发展过程中,进行扩张的一种必然现象,同时,强调多元化经营的两个必要条件为,企业所面临的外部竞争压力和内部资源没有得到充分利用。后来的学者对彭罗斯的观点进行了补充,蒂斯(Teece,1980)指出,彭罗斯所提出的多元化经营有效实施是需要一定的前提条件,即并不是所有的没有被充分利用的剩余资源都能提高企业价值,资源的选择需要具备一定的条件。1984年,美国学者沃纳费尔特(Wernerfelt)较为系统地提出了资源基础观。1991年,格兰特进一步将资源基础观提升到了资源基础理论。Matsusaka(2001)基于动态的视角构建了多元化模型,提出企业所具有的组织能力,特别是中高层管理者具备的经营管理能力,对于企业经营的多种产品均有效。只有当企业现有的组织能力与业务达到有效匹配,企业的经营效率才会达到最大化,为了寻求与企业组织能力相匹配的业务,企业需要不断摸索,进入新的行业,退出不能有效匹配的旧行业,由此产生多元化经营。

实质上,彭罗斯(1959)质疑古典经济学将企业界定为产品与市场合集的观点,认为企业是一种将所有潜在的产品与服务综合起来的一个有机整合体。而她的这一观点也被看作是资源基础理论的起源。按照彭罗斯的观点,在生产的过程中必须投入一定的资源,而这也是理论分析的基本前提(Grant,1996)。这一观点提出后吸引了一批经济学和管理学专家对此进行研究,很多具有里程碑意义的学术研究成果也陆续出现。在这些理论研究成果中,又以1991年巴尼（Barney）发表的《企业资源与持续竞争优势》最为经典。根据巴尼（2001）对资源基础理论的总结和梳理，可将基于资源理论的相关研究划分为三个流派：新古典经济学流派、产业组织流派和发展经济学流派。

（一）新古典经济学流派

新古典经济学派更加看重可以引起企业的非资源性供给的要素的研究，同时也较关注能够引起上述变化的其他相关特点的测量和描述，而这一学派的主要研究目的则集中在企业所具有的具体的资源的衡量与测定方面，特别是具体的信息、知识、技术等资源对企业自身形成竞争优势所带来的影响和作用上。亨德森和科克鲍姆（Henderson and Cockbum，1994），以及巴尼和阿里坎（Barney and Arikan，2001）等学者对上述问题的研究与探讨做出了巨大贡献。通过对该学派的研究结果及结论的比较可以发现，基于无形资产的战略导向的企业经营业绩明显要高于基于有形资产的战略导向的企业，同时，路径依赖性与社会复杂性也与经营业绩成正比。

（二）产业组织流派

产业组织流派主要包括哈佛学派、芝加哥学派、新奥地利学派，它们形成的背景和观点都存在较大的差异，上述学派认为，要素市场并不是完整的，而企业之间也存在着很大差异，企业在生产方面的能力高低、资源掌握的多少都是形成企业之间不同的主要因素。之后，又有很多的研究人员同样对企业所拥有的资产对新创立的企业的生产和经营绩效产生的影响进行了大量研究，他们认为，企业在资源的差异性上对企业绩效的影响要比企业所属的行业给企业的成长和发展绩效带来的影响要大。

（三）发展经济学流派

该学派的代表学者主要有蒂斯、Pisana、Shuen 等。传统资源理论认为，企业能力是企业的一种特殊资源。从资源理论角度和动态企业资源理论的角度出发，对企业的经营和发展能力，也就是企业的能力是怎样随着时间发生变化的，同时对这些变化在竞争中所表示的意义进行研究。

实际上,资源基础理论是管理学特有的理论,组织的所有的经营活动都建立在所处的外部环境和拥有的内部资源的基础之上。资源基础理论认为:企业从事经济活动,制定生产经营战略,要建立在企业内部所拥有或所控制的资源基础之上,充分尊重和利用企业的内部资源,使企业资源充分发挥作用。企业拥有什么,决定企业该做什么、能做什么。该理论将企业的资源分为有形资源和无形资源两大类。组织的有形资源指的是企业所拥有的实物和金融资产等,主要包括剩余生产能力、营销、服务、技术与创新体系等;组织的无形资源指的是企业运营过程中逐渐形成的独特的组织惯例和实践,难以被竞争对手模仿,主要包括组织创新能力、高效的组织运作过程、组织文化、人力资源和组织声誉等。无形资源主要包括商标、企业商誉和管理技能、组织的学习能力、建立外部网络联系的能力等。资源基础理论的核心主要体现在:企业获取竞争优势(用产品市场上获取超过正常平均的收益来衡量)的源泉是企业所控制的战略性资源(Wernerfelt,1984)。同时,资源基础理论指出,异质资源与能力是企业获得竞争优势的源泉。对于企业的剩余资源能否被企业所用,成为实施多元化经营的有效资源的前提条件是剩余资源需要具有竞争优势,资源的竞争优势主要体现在五个方面:第一,资源难以被模仿性;第二,资源的持续存在性;第三,资源的高占用性;第四,资源难以被替代性;第五,资源具有优越性。剩余资源经过上述评估具有竞争优势后,才能实现资源利用的最大化、企业价值的最大化。

按照资源基础理论观点,企业的竞争优势在于其所独有的价值创造战略,这个价值创造战略因为依托现有的资源而导致竞争对手或潜在竞争对手无法复制与模仿。同时,市场中不同资源的异质性是企业绩效差异的主要来源。在企业价值创造的过程中,企业所掌握的资源具有非常重要的作用,所以,不同企业之间的竞争也就从传统意义上产品层面的竞争上升到了企业资源层面的竞争。

那是不是所有的资源都能够带来持续的竞争优势呢？答案是否定的。在了解到企业所拥有的资源给企业带来竞争优势后，不少学者对资源的异质性和企业绩效的提升之间的关系进行了相关研究。研究结果表明，资源的异质性让企业具有独特禀赋，而这也是企业采取很多价值创造模式的主要因素，从实证结果来看，并没有发现企业所有的资源都可以给企业带来持久的竞争优势，赫尔法特（Helfat，2003）的实证研究只说明了企业可以拥有不同特性的资源，但是，这些资源对企业的绩效发展水平带来的影响作者并未进行深入探讨，现有能得出的结论是资源异质性与企业绩效的差异性之间存在相关性。鲁拉夫特（Ruraelt，1987）提出，新创立的企业在刚开始创业的时期，资源具有同质化，经过企业的发展，这些资源经过"隔离机制"的影响，逐渐和企业特征相融合，变得不可模仿，并成为企业所拥有的异质性资源。这个观点是对现有资源异质性理论的有力补充。

虽然资源基础理论的发展经过多个阶段，但其包含的两个基本假设："企业是什么"和"企业如何形成和维护可持续的竞争优势"却从未改变。因此，对于资源基础理论的奠基人彭罗斯、威纳菲尔特和巴尼等来说，企业是"资源的集合体"，企业的可持续竞争优势来自企业拥有和控制的有价值的、稀缺的、难以模仿的、不可替代的有形和无形的资源。还有一部分学者如蒂斯等（1997）认为，企业是"能力的集合体"，企业的竞争优势来源于企业拥有的动态能力。其中，组织能力指的是企业把投入转化成产出的能力，即企业把拥有的各种技能和技术协调整合起来转化为企业创新的产品和服务的能力。

（四）资源基础理论与企业社会责任研究

从20世纪90年代起，学者们开始从资源基础理论视角分析企业履行社会责任的驱动机制以及可能对企业财务绩效产生的影响。1995年，哈特（Hart）首次从资源基础理论视角分析企业为什么要履行环境责任，并开创性地提出了资源基础观。此后，以资源基础理论为视角的社会责任研究开始增多,并逐渐分为两个相互关联的部分:(1)将企业的社会责任看作是自变量,考察企业社会责任的履行是否以及如何增强企业声誉、提升企业财务绩效;(2)将企业的社会责任看作是因变量,考察提升企业社会责任的内外部因素。

对于企业社会责任如何影响财务绩效,鲁索和福茨(Russo and Fouts,1997)检验了企业的环境责任与财务绩效的关系,他们发现企业环境责任能够显著地增强财务绩效,这是因为,企业的环境政策有助于提高企业产品设计的创新能力,从而帮助企业实现了竞争优势。结合资源基础理论和利益相关者理论,希尔曼和凯姆(Hillman and Keim,2001)探讨了哪些类型的社会责任有助于企业形成和保持竞争优势,他们发现,侧重利益相关者管理的社会责任能够帮助企业形成有价值的资源,如提升企业声誉、改善企业与员工和客户的关系等,但侧重社会公益参与的社会责任对企业经济绩效并没有帮助。麦克威廉姆斯和西格尔(2011)则从资源基础理论和经济理论(公共产品的提供)分析了企业社会责任履行带来的经济价值和社会价值,并首次提出"战略性社会责任"(Strategic CSR)的概念。总之,众多学者从资源基础理论视角将企业社会责任如何影响经济绩效的内部机制概括为:企业社会责任通过影响企业内部因素如创新、文化、人力资源、管理能力、组织过程、信息处理等来间接地影响财务绩效。

随着学者对于"企业为什么履行社会责任行为"的关注,很多学者开始把社会责任看作因变量,考察内外部资源对企业社会责任参与倾向的影响。2001年,麦克威廉姆斯和西格尔提出了企业社会责任水平的供应和需求模型,该理论模型认为,企业对社会责任的投入存在一个最优水平,同时企业在进行社会责任投资时需要考虑企业的资源和能力特点。斯特赖克等(Strike et al.,2006)则把资源基础理论视角应用到跨国公司社会责任行为的履行。他们发现跨国多元化经营有助于企业学习到先进的国际经验从而有利于企业社会责任的履行。当然随着企业社会责任报告披露行为的普及,学者们也开始把资源基础理论引入企业社会责任信息披露的研究中。如科米尔和芒南（Cormier and Magnan, 2003, 2004）、哈尼法和库克（Haniffa and Cooke, 2005）、索托里奥和桑切斯（Sotorrío dnd Sánchez, 2010）都证明企业的财务绩效与社会和环境信息的披露数量显著正相关。但是，另外一些学者如克拉克森（2008）等也发现企业财务绩效与社会责任信息披露行为没有显著的关系。

50多年来，针对CSR可以为组织带来怎样的收益，出现了有关CSR和财务绩效、顾客行为和品牌实际价值的研究。近年来，对于企业社会责任的研究焦点从企业社会责任能够带来什么，演变为寻找影响企业履行社会责任的前因变量，以及提升企业履行社会责任的路径。伴随着人们对利益相关者理论研究的不断深入，其自身缺点也日益显现，即没有更好地将其与企业社会责任结合，从而忽略了社会责任在企业层面的微观研究。主要集中于对企业社会责任内容、测量指标及其与企业绩效和顾客满意度之间关系的研究，主要是从宏观调控、法律法规等方面对企业社会责任的履行途径进行阐述，微观层面的研究并不多见。然而，大量实证研究表明，肩负多种角色的企业高管和其他单一化管理人员相比较，具有较高的企业绩效，在处理实际问题的时候能够采用多种参考架构，这样能够给企业带来良好业绩，还会提升企业社会责任落实的可能性。这为企业社会责任的研究提供了新的驱动因素。

三 企业伦理理论

伦理责任不仅是企业恪守社会责任的最底线，而且是社会对企业基本的期望，是企业社会责任的坚实理论基础。

（一）企业伦理理论的产生及内涵

企业伦理理论主要产生于20世纪50年代末60年代初的美国。当时美国出现了许多企业经营丑闻，如受贿、规定垄断价格、欺诈交易、环境污染等问题。公众对此反应强烈，要求政府对此进行调查。1962年，美国政府公布了一个报告《对企业伦理及相应行动的声明》，此举表达了公众对企业伦理问题的极大关注。1963年，加瑞特（T. M. Grarret）等编写了《企业伦理案例》一书，收集了大量的企业伦理案例，并对其进行了分析。1968年美国天主教大学的沃尔顿教授（C. Walton）在其《公司的社会责任》一书中，倡导公司之间的竞争要以道德为目的。到20世纪70年代，企业伦理问题引起了美国公司更为广泛的关注。企业伦理学正式确立的标志是1974年11月在美国堪萨斯大学召开的第一届企业伦理学研讨会。到了20世纪80年代，国外伦理学进入了全面发展时期，企业伦理学在广度和深度两个方面迅速发展。

企业伦理理论认为企业不仅是个经济实体，而且是一个道德主体。因为其要遵守特定社会中的道德、文化、规范甚至习俗，兼具有经济性和一定的文化性与道德性。因此，企业伦理研究的主要内容就是企业所肩负的道德责任。关于什么是企业伦理，学术界大致有三种观点：一是应然说，如成中英认为，企业伦理是指一个生产机构或商业团体从事营利活动时，所不能违背的伦理规范；二是结构说，即活跃在企业经营管理中促进其更好地开展生产经营活动的道德意识、道德准则及道德行为的组合；三是综合说，即企业伦理是其在处理内外部关系时所应遵循的基本伦理原则、道德规范及实践价值的总和，也是企业生产经营过程中的伦理关系、伦理意识、伦理准则和伦理活动的总和。

从研究内容上看，企业伦理主要包括三个层面：微观层面上主要探讨企业中股东、员工、消费者、商务伙伴等这些企业利益相关者的伦理道德关系问题；中观层面上主要研究企业与其他经济组织之间的伦理道德关系问题，如与竞争对手之间的道德关系等；宏观层面上的企业伦理规范主要强调它与政府、社区、地理环境等之间的关系，与特定社会结构、社会文化、社会制度以及社会习俗之间的关系，与普通社会大众之间的关系等，这种伦理关系同样会对企业的生产经营活动产生影响。

(二) 企业伦理理论与企业社会责任

企业社会责任理论的起源与发展历程告诉我们：企业伦理是企业社会责任发展的阶段性产物，并对进一步规范企业社会责任产生积极影响。从企业社会责任的内容来看，经济责任是企业自发追求的，具有企业本质的特征；法律等责任具有强制性，企业经营管理活动中必须遵守；而伦理道德责任则是依靠企业的良知，属于其自觉的活动。因此，经济责任与法律责任构成了早期企业社会责任的主要内容。随着企业在生产经营过程中不断产生的社会问题，企业社会责任内容的拓展迫在眉睫，伦理道德责任就成为企业社会责任新的重要内容，这也正是企业伦理理论兴起的主要原因。

此外，企业社会责任与企业伦理之间关系十分密切，主要表现为以下几点：

（1）两者产生的背景与目标一致。无论是企业伦理还是企业社会责任都是针对经济学将企业视为追求利润最大化的经济理性行动者而提出来的，两者都强调企业应该是经济性与社会性、经济性与道德性的统一体。因此，企业伦理与企业社会责任强调从企业与社会的互动关系出发，坚持企业应当实现经济目标与社会目标的统一，而不是把企业的经济效率作为企业追求的首要的、唯一的目标。

（2）两者主要内容一致。要求企业讲究伦理道德，实质上就是要求企业履行社会责任。企业伦理要求企业一切行为都应符合社会道德规范要求，它不仅对企业的经济行为进行规范，而且调节着企业与利益相关者的关系，如企业与所有者、竞争者以及外部环境等之间的伦理道德关系。因此，企业伦理涉及的领域与企业社会责任内容基本上一致，企业伦理责任包含于企业社会责任之中，成为企业社会责任的一部分。

（3）企业伦理推动着企业勇于承担社会责任。企业伦理是为企业在法律法规范围之外建立的一套道德行为准则，这就使企业不仅要按照法规，而且要按照道德要求去规范自己的经营活动，考虑所有利益相关者的需求，从而建立起良好的经营秩序，提高企业经营效率。

（4）企业遵循社会伦理道德也有利于它自觉抵制各种不道德行为，加强企业诚信经营建设，增强企业的信誉，树立企业良好的社会形象。同时，企业伦理也是维护经济运行秩序的软制度，它有利于提高企业经济运行效率，减少企业自身不规范经济行为，减少企业之间的经济纠纷与经济摩擦。所有这些反过来又促使企业在一定的伦理道德规范要求基础上去承担社会责任。

四　企业公民理论

企业公民理论是最近几年在西方学术界兴起的一种理论派系。该理论认为，企业如同公民一般，既享有相应的权益也必须承担对应的责任，并将企业看作社会结构的有机组成部分，认为社会是企业生存的基础，更为其提供产生各种效益的物质源泉。因此，企业不仅享受社会提供的资源和机遇，而且应为社会提供符合伦理道德的回报行动。

（一）企业公民理论的产生与内容

1997年，扎德克、普鲁赞和埃文斯（Zadek, Pruzan and Evans）等学者提出了"企业公民基本原理三角模型"，将企业理解为社会公民，即企业是社会合法权利的享用者，也是社会责任与义务的履行者。该模型认为，三种力量形成了企业公民的绩效：一是企业高管要在不断深入了解外部环境的基础上，产生与之协调的管理驱动；二是运用社会压力，促使企业不断加强对社会和环境的贡献；三是道德价值，认为企业的经营管理活动具有对等的权利与义务，并且积极地将这种权利和义务融入企业长期发展战略之中。

简单地说，企业公民就是把企业当成生活在社会之中的公民那样，它有一定的社会规范，同时也享有社会赋予的权利。美国波士顿学院"企业公民研究中心"对企业公民理论进行了进一步的研究，并将企业公民定义为"一个公司将社会基本价值与日常商业实践相整合的行为方式"。他们认为，该理论包含三个重要命题：理解、整合和强化企业价值观；将平衡的、整合的价值观融入企业的核心战略中；形成支持体系以使这些价值观得以强化和付诸行动。同时，他们指出，该理论的三个核心原则，即"利益最大化、危害最小化""关心利益相关者"和"对利益相关者负责"。简言之，"企业公民"就是把企业看成是一个有着特定经济社会利益偏好的社会行动者，通过其核心业务为社会提供价值的同时，还向社会展示出他们应该承担的责任并做出符合道德及法律规范的发展策略。

2003年，世界经济论坛指出："企业的长期发展受到以下影响：企业通过其社会投资、商业活动及慈善项目等对社会的贡献，以及处理与经济、社会、环境及利益相关者关系的方式。"企业公民理论要求企业完善以下四个方面的工作：一是合理的公司治理与价值观管理，即遵守法律、社会规范及国际标准；二是对人的责任，即员工责任等；三是对环境的责任，即节能减排，为气候变化和保护生物多样性做出贡献；四是积极参与社会公益活动，即向贫困社区提供援助、开展服务等，并努力将这些行为作为自身核心价值的重要组成部分。

(二) 企业公民理论与企业社会责任

按照马克思的观点，如果把企业作为一个社会公民来看待，那么独立的人格主体同样是企业这个公民所应该具有的基本特征。这一人格主体也必然在取得经济性满足之后，不断追求广泛的社会性和道德性，即寻求康德所说的"善"或"德行"。这样，社会责任就成为企业公民的倡导目标。此外，很多社会科学家也指出，作为社会主体的企业公民，其需求也具有多样性，现实的经济活动以及经济利益仅仅是企业这一公民最基本的追求。一旦完成这个需求，企业还会追求如价值实现等更高远的需求。这不仅与马斯洛的需求层次理论遥相呼应，而且与企业社会责任的内容划分高度一致。

同时，企业要想成为被社会认可的良好"公民"，就必须履行相应的责任。因此，企业不仅要通过其经营管理活动给社会带来积极贡献，而且必须使自身的决策能够满足利益相关者的不同诉求。进一步来讲，企业公民是基于企业社会责任感和道德使命感而产生的企业人格化表述，其必须具有强烈持久的社会责任承担愿望。对企业公民而言，即使社会没有提出责任要求，企业也会在自身良知的驱动下，自觉地承担起自己的公民义务，积极履行社会责任。可见，如果企业把自身内化为具有积极道德规范的企业公民，企业社会责任就会深入其战略制定及日常生产经营活动之中，从而成为企业这一公民对社会的庄严承诺。可见，企业公民理论不仅与企业社会责任具有高度的一致性，而且是企业社会责任的人格化象征。

五 人—职匹配论

从广义上讲，有关人的职业基本性质和个性特点一致性的理论，称为人—职匹配理论。该理论认为：每一个个体都有各自的特征。任何一种职业由于基本性质的不同，对工作者的个性特点也有不同的要求。

（一）人—职匹配理论的提出与内涵

人们在求职时，往往需要根据自身的个性特点来选择适合的职业。若个性与职业匹配得好，那么这个人求职成功的概率就会大大提高，入职后的工作效率也会很高；反之则不然。目前，人才测评的核心就是要求人—职匹配。其中，最重要的两个理论是"人格类型论"和"特性—因素论"。

1. 人格类型理论

美国心理学家霍兰德（Holland）提出了此理论，它对人才测评的发展产生了深远的影响。有关人格—职业的相关关系方面，霍兰德提出了一系列颇有见解的假设：①研究型、实际型、社会型、艺术型、传统型与企业型这六种类型，构成了人格的基本骨架；②以上六种类型也适用于职业环境的划分；③人们在求职中所追求的就是能够突出其价值观和表现其能力的职业环境；④个人的行为由人格—环境之间的相互作用关系所决定。霍兰德根据以上假设，提出人需要根据自身的性格选择工作环境和生活,因为这种职业或环境才能给予其所需要的机会与奖励。根据不同人格类型的职业,霍兰德在《职业决策》一书中提出了以下六种类型:如研究型——科学教师、研究人员及工程师等;实际型——技能性和技术性职业(技工、劳工、机械装配工、制图员等);社会型——社会工作者和教育工作者;艺术型——文学、艺术及音乐方面;传统型——秘书、会计及行政助理等;企业型——企业领导、政府官员、销售人员等。

需要强调的是,并非每一种人格类型都与上述提到的职业类型相互对应。霍兰德研究发现,虽然上述六种人格类型代表了绝大多数人的人格,但当同时具有两种人格类型时,这个人也可以适应以上两种职业类型。

2. 特性—因素论

18世纪有关心理学的研究过程中,美国心理学家威廉姆森(E. G Williamson)在帕森斯(F. Parsons)关于职业指导三要素思想的指导下,建立了特性—因素论。这个理论认为:在个人的行为与心理活动中,普遍存在着个性差异现象,这使得每个人都具有各自的独特的能力和个性模式,这些模式与某些职业特性息息相关。

以下三步构成了帕森斯提出的职业指导核心:首先,需要综合评价求职者的生理及心理特性。求职者的个人资料(如身体状况、气质与性格、能力倾向等)可以通过心理测试获得,并通过获得其家庭背景、工作经历等情况进一步对以上信息进行综合评价。其次,要深入分析不同职业对人个性的要求,与此同时向求职者提供所需的各种职业信息。最后,人—职匹配,即指导人员在了解求职人员个性特点和职业需求的基础上,帮助其根据自身特点分析不同职业类型的特性,从而找到适合自己的职业。

(二)人—职匹配理论与高管胜任力

人格类型理论认为:一个人如果能够找到与自身性格特点相匹配的职业类型,就代表他在求职过程中获得成功。因为在一种适应的环境下工作，人容易感到满足和乐趣，这样才有利于充分发挥其才能。基于此，在职业指导与选拔中，第一步是确定求职者的人格类型，然后是找到与之匹配的职业类型。

特性—因素论强调个人的特性与职业和技能与素质之间的匹配和协调关系。由于对个体特性的了解和掌握至关重要，因此特性—因素论非常重视求职过程中人才测评的作用。这一理论构成了人才测评的基本思想，同时促进了人才测评在职业指导与选拔过程中的进一步发展和合理运用。

可见，人—职匹配理论是人力资源管理的重要理论基础。它具有两层含义：一是指个人的能力能够满足岗位的基本要求；二是指岗位所要求的任务个人能够胜任。这种匹配包含着"恰好"的概念，岗位和个人的对应是个人发挥最大作用，并获得成就感的根本原因。也就是说，如果高管胜任力与企业发展需求相匹配，前者就能够为后者提供积极的影响，更是企业履行社会责任的重要保障。

六 隐性知识理论

随着社会的不断进步，知识被看作创造竞争优势的重要源泉。作为一种新的社会发展驱动，隐性知识与高管胜任力的密切联系备受关注。

(一) 隐性知识的提出与内涵

波兰尼于1958年在《人的研究》中引出了隐性知识的最早定义：人类通常有两种知识，即显性知识和隐性知识。前者可以用图表、书面文字及语言来表达；后者无法用语言等系统表述。这两类知识共同构成了人类知识的总和，两者具有同等重要的作用。

弗纳·阿利（Verna Alee）认为，人们头脑中的隐性知识存量远远超出显性知识存量。如果把头脑中的知识比喻为一座漂浮在海上的冰山，显性知识只是露出海面的那部分山头，隐性知识则是沉入海水中的大部分山体。

日本学者野中郁次郎（Ikujiro Nonaka）曾用面包制作的过程阐述了两种知识之间的转化，他指出家用面包机的产品说明书可看作是显性知识，而面包师经过不断尝试所掌握的具体方法属于隐性知识，这部分知识深深根植于个人对具体背景的理解当中。

（二）隐性知识理论与高管胜任力

很多学者都对隐性知识的研究进行了探索，得到了很多相关的科学理论模型，近年来一些学者尝试将隐性知识与胜任力进行比较研究，而得出以下结论：

1. 两者具有类似的特征

斯特恩伯格（1980）曾提出用实践智力来替代传统测验以预测个人绩效。他认为，获得和运用隐性知识是实践智力的标志，管理绩效的关键预测指标是隐性知识的水平，包括"管理他人、管理自我和管理任务"时使用的知识。借鉴弗纳·阿利的模型，研究者将胜任力模型比喻为冰山模型，水上的可见部分代表浅层特征，如知识、技能等，这部分特征容易感知，但不能决定是否会有卓越的表现；而水下的才是深层胜任特征，如动机、特质等，这部分不容易被感知，但却是胜任力的核心要素。麦克利兰克进一步将显性部分和隐性部分分别称为基准性胜任力和鉴别性胜任力，并认为胜任特征的核心部分是隐性知识。从而，隐性知识和实践智力两个理论达到相对统一：胜任力强调层次和结构，而隐性知识则从智力方面加深了对胜任力认知层面的研究。

2. 胜任力的知识化表达是隐性知识

日本学者野中郁次郎和竹内弘高（Nonaka and Takeuchi，1995）认为，认知是指心知模式，即人们在内心通过处理、制造、类比等方式创新出实际中的工作模式。胜任力特征和隐性知识表达的都是个体行为表现背后的深层次要素，只不过胜任力理论将其要素化为自我特质、概念和动机等，而隐性知识把它当作一个相对"黑箱"。它植根于个人的行动和经验之中，也深埋于个体的价值、理想和情感中。它具有抽象性、自动性和理解性特点。因此，从这个意义上看，隐性知识是胜任特征的知识化的表达。

3. 隐性知识的获取策略能够用于胜任力开发

胜任力和隐性知识的获取是经由显性知识和隐性知识的互动而得，两者之间有几种不同的交换模式，即 SECI 模型：①共同化：通过分享彼此的经验，从而达到创造隐性知识的目标。因此，设计适宜于模仿、观察和练习的情景，使学员有机会相互交流，是提升胜任力的重要方法。②外化：将隐性知识转换为显性知识。在此过程中，隐性知识通过比喻、观念激发、类比等特殊设计，通过显性知识的学习策略获得进步和提升。③结合：从隐性知识到显性知识过程。通常的学习培训设计和常规培训操作都可将个体的观念系统形成知识体系，知识转化涉及结合不同的显性知识。④内化：将隐性知识转化为显性知识的过程。当个体的经验在一定情景下，通过外化、共同化和结合，进一步内化到个人隐性知识时，就成为有价值的信息。野中郁次郎和竹内弘高（1995）认为，隐性知识和显性知识持续互动的结果是管理者胜任力发展。个体不能创造知识，但可通过适当的设计促进隐性知识共享，从而促进胜任力的开发。高管隐性知识不断进步的螺旋过程是其胜任力的发展结果，以下为高管胜任力发展的"动态螺旋"。

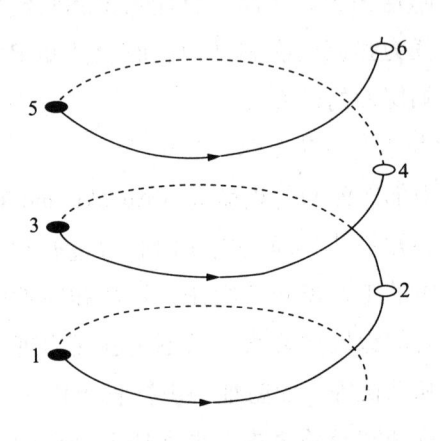

图 3-3 高管胜任力发展螺旋

在高管胜任力发展动态螺旋中空白圈是指显性知识，黑色圈是指隐性知识。中间将两者相连的是学习设计。因此，在胜任特征发展螺旋中，显性知识和隐性知识的互动由单独个体开始，从个体到个体，然后到团队，最后再到组织。不断经历外化、共同化，结合及内化的活动，促进高管胜任特征的发展。在此螺旋过程中，个体的高管胜任力发展经过了观念创造、知识创新、观念确认、实际应用和建立原形等不同阶段。

第三节 概念模型构建

大量文献研究表明，企业积极履行社会责任能够为其带来良好的声誉及绩效。因此，如何提升企业社会责任的履行就成为理论界和实务界共同关注的焦点。

作为掌握企业风向标的主要人员——企业高层管理者，他们的胜任力对企业的发展有着极其重要的作用。高管胜任力的完善能够直接带来企业社会责任管理体系的改善，从而不断提升其社会责任的履行，由此构建出本书最初始的概念模型（见图3-4）。同时，由于寻找提升企业社会责任的有效途径是本书的主要目的，所以，在高管胜任力对企业社会责任的作用机制中，企业社会责任相当于整个路径的"结果"部分，高管胜任力相当于"思想"部分，而责任管理则相当于"行为"部分。据此，本书提出"思想→结果"路径、"思想→行为"路径以及"行为→结果"路径。

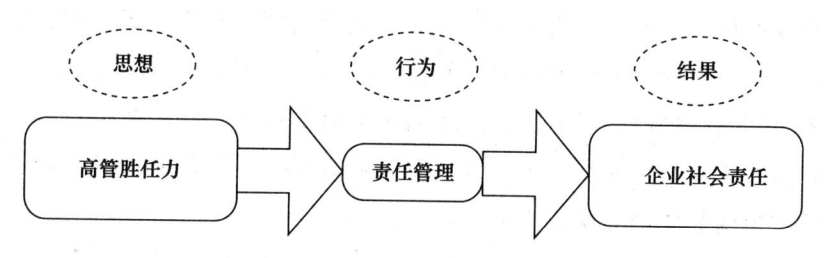

图3-4 高管胜任力对企业社会责任影响的初始模型（一）

在对文献的进一步研究中发现，高管胜任力与企业社会责任之间的关系并非线性关系的简单影响，各自不同的维度之间产生的影响也不尽相同。在总结以前学者研究的基础上，本书将高管胜任力分为管理知识、管理技能及管理素质三个维度；并将企业社会责任分为市场责任、用工责任、环境责任及公益责任四个维度。在此基础上，将高管胜任力对企业社会责任的影响模型调整为如图3-5所示。

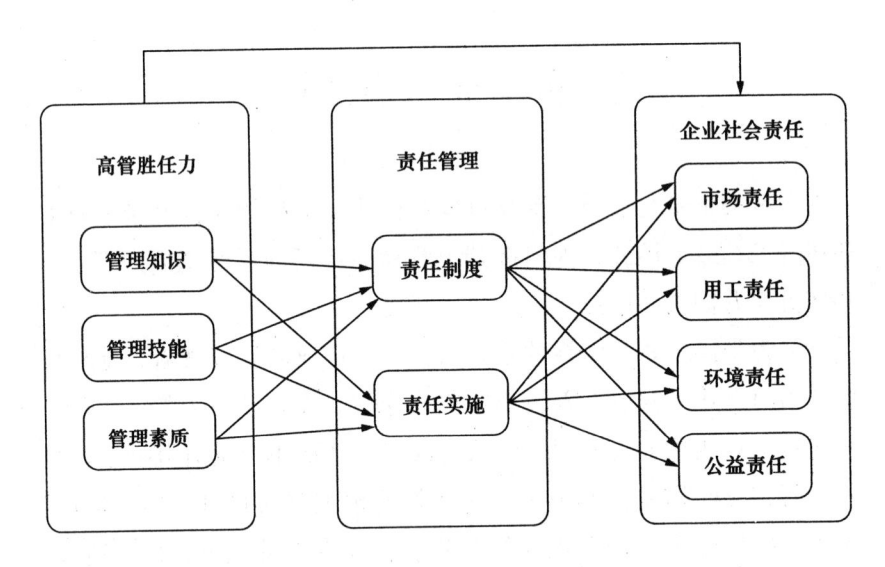

图3-5 高管胜任力对企业社会责任影响的初始模型（二）

一般来说，一个变量如果能够影响某个自变量与因变量之间关系的方向或者强度，我们就称这个变量是调节变量。它与中介变量的区别在于，关于后者的研究对作用机理内部的变量更感兴趣，而对一些外生变量则兴趣不大，前者虽然关注的不是侧重于变量之间的内部关系机理，但是，关注的因素会更加广泛一些。在借鉴和发展前人研究成果的基础上，本书将企业规模、所属行业以及企业性质作为调节变量（如图3-6所示）。

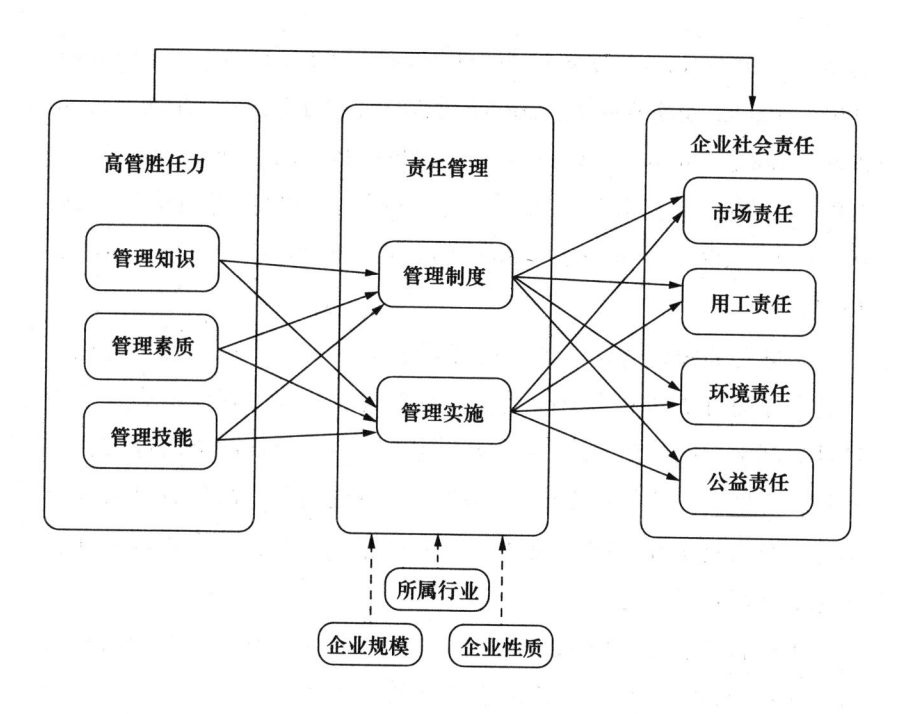

图 3-6　高管胜任力对企业社会责任影响的概念模型（三）

第四节　研究假设提出

一　高管胜任力与企业社会责任："思想→结果"路径

50多年来，对 CSR 的研究促使了国内外学者将研究的焦点集中于它能够为企业带来什么，于是便产生了关于 CSR 与财务绩效、顾客行为及品牌价值的关系等大量研究。大部分的研究结果表明，CSR 对于财务绩效、顾客行为及品牌价值都有促进作用（Moskowitz，1972；Cochran and Wood，1984；AUPPERLE，1985；王怀明等，2007；温素彬，2008；Sankar Sen and C. B. Bhattacharya，2001；Grizek，2002；Middlemiss，2002；Kitchin，2002；Klein，2004；鞠芳辉，2005；Knox，Maklan and French，2005；Oman and Coulter，2005；Maklan and French，2005；Crosby and Johnson，2006；Saunders，2006；Crosby and Johnson，2006；Pirsch，Gupta and Grau，2007；刘凤军和王镠莹，2007；周延风等，2007；周祖成，2008；张漪杰，2007；Pirsch，Shruti Gupta and Stacy Landreth Grau，2007）。

大量实证研究结果证明，具有多重角色的高层管理者比其他单一的领导拥有更高的企业绩效。一般来说，业绩表现好的高层管理者具有高水平的行为复杂性、认知复杂性，在处理问题时能够使用多种参考框架。哈特和奎因（1993）的研究表明，高层管理者如果具有高行为复杂性，则能使企业产生良好的业绩，也会提高企业社会化责任履行的可能性。

康格和卡农戈（Conger and Kanungo）等学者认为，高层管理者对企业社会责任影响的重要因素就是管理者个人魅力，即领导者通过果断的行为、强有力的亲和行为、坚定的信念等表率作用对追随者的态度、价值观和行为等产生最直接影响的能力。高管对企业社会责任的影响主要取决于其管理知识、管理技能以及管理素质。优秀胜任力的高管对追随者的主要影响包括使员工对他的表现满意、对领导产生信心和获得强烈的钦佩和尊敬等。企业高管的关键任务包括明确使命、阐明愿景、显示决心和表达对下属的高绩效期望等行为。卓越胜任力的企业高层管理者通过沟通技巧和有效激励来引发员工的认同感，对领导产生信任，对组织表现积极、忠诚的态度。

此外，对企业高管的研究表明，胜任力对下属的满意度和业绩有积极影响。吴维库（2003）等在对领导效能与领导能力的研究中发现，如果对下属积极授权，鼓励他们为实现愿景而努力，这会令他们感到被支持、受信任、内心涌现出一种积极向前的冲劲和成为大人物的自豪感，并激发出战胜困难、超越自己的勇气。这些效果又可以形成员工的组织认同感，并维持高水平的工作满意度。高管的卓越胜任力可以帮助员工认识到这一点，即为了群体的目标和愿景可以超越自身利益。通过建立员工的自我效能、自信和自尊，领导会对员工的激励、认同和目标的实现有一个积极影响，鼓励员工超越他们眼前的需要。

同时，我们必须明确企业是社会责任管理的主体，高管是社会责任管理的第一责任人。也就是说，企业社会责任管理的主体是企业，而企业高管在社会责任管理中担当第一角色。如果高管缺乏相应的胜任力，就会导致企业社会责任管理难以取得预期成效，即社会责任履行的失败。

可见，企业高管是企业发展的掌舵者，是沟通组织内部和市场外部利益相关者的信息通道，其主要职能就是要应对市场的变化，降低经营风险、管理组织、提高组织效率。所以，在企业的发展过程中，高层管理者将对企业社会责任的履行产生的影响是管理理论所不可忽视的。

那么，企业高层管理者对企业的社会责任履行产生影响的作用机制是什么呢？也就是说，在社会责任履行与高层管理者之间存在哪些联系？因此，我们假设企业整个价值观管理会因企业高层管理者的战略领导能力的提升和社会责任管理的全面提升，促使员工对企业产生更加积极的态度，这些积极的态度又使员工更好地履行自己应尽的职责。学术界对满意度或员工态度与工作绩效的相互关系一直都是热点课题。研究表明，绩效之间和员工态度存在正向的关系。也就是说，拥有更多"满意"的员工的企业比其他企业经营管理得要好。布赖恩（Bryman，1992）指出，员工满意度与领导行为之间存在正向的相关关系，企业的财务业绩与员工的整体态度存在正相关与员工流动率存在负相关的结论。这也证明了履行对员工的社会责任对于整个企业社会责任有着非常重要的作用。

综上所述，在转型经济环境下为了能够使企业更好地履行社会责任，就需要展现出其与所在文化环境密切的相关关系，如能否在员工面前表现坚定的信念，是否愿意承担风险，行事是否果断等一些行为。这些行为一方面与其特定的职位相关,如设定愿景、分析环境、监控企业运营等;另一方面则与高管的个人胜任力相关。高管胜任力的完善不但会对员工的行为产生积极影响,而且能激发员工对企业的积极态度,从而促进企业社会责任的高效履行。

基于以上分析,提出"思想→结果"路径(见图3-7),并提出如下假设:

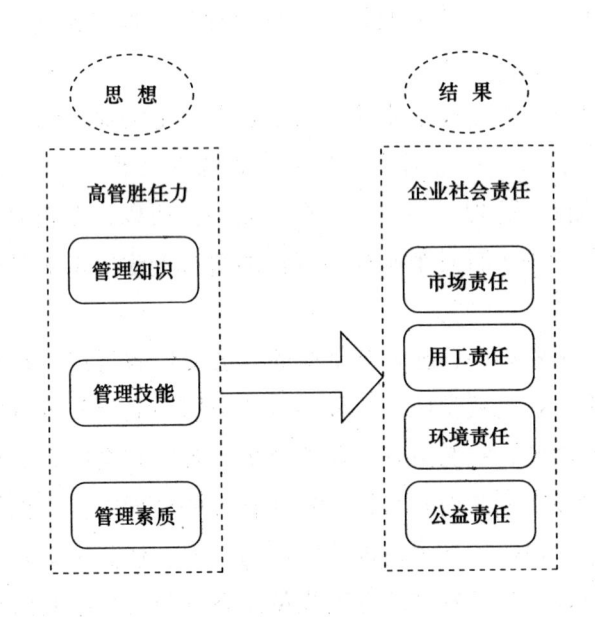

图3-7 "思想→结果"路径

H1:管理知识与企业社会责任的履行正相关;
H1a:管理知识与企业市场责任的履行正相关;
H1b:管理知识与企业用工责任的履行正相关;
H1c:管理知识与企业环境责任的履行正相关;
H1d:管理知识与企业公益责任的履行正相关;
H2:管理技能与企业社会责任的履行正相关;
H2a:管理技能与企业市场责任的履行正相关;

H2b：管理技能与企业用工责任的履行正相关；
H2c：管理技能与企业环境责任的履行正相关；
H2d：管理技能与企业公益责任的履行正相关；
H3：管理素质与企业社会责任的履行正相关；
H3a：管理素质与企业市场责任的履行正相关；
H3b：管理素质与企业用工责任的履行正相关；
H3c：管理素质与企业环境责任的履行正相关；
H3d：管理素质与企业公益责任的履行正相关。

二 高管胜任力与企业责任管理："思想→行为"路径

关于高管胜任力对企业社会责任管理影响的理论基础主要来自隐性知识理论及价值观管理理论。

首先，隐性知识理论。正如弗纳·阿利的"冰山模型"，高管胜任力包含水上的显性行为和水下的隐性动机等，而水上部分代表本书提出的"地壳模型"的"地壳"和"地幔"部分，如知识、技能等，虽较容易发现，但不能据此预测胜任力程度；水下部分，即"地核"，相对于以上两部分，难以被直接发现，却是高管胜任力的核心。李超平和时勘（2000）曾将麦克利兰（1962）提出胜任特征的概念用来表征高管的素质结构，他们研究的假设是指高管胜任特征模型主要应该突出鉴别性胜任特征。原有的胜任力研究主要注重其内容的探讨，而隐性知识理论提出了利用高管的隐性知识提升企业的责任管理体系。

就高管而言，其胜任力的核心是"知道怎么做"与"知道谁"的隐性知识（Sternberg，1995），而能将这部分知识更好地服务于企业的社会责任管理实践，将是该企业社会责任履行成功与否的重要途径。如果对管理者"隐性知识"能够进行充分发掘和进一步分析，将有助于企业进一步完善责任管理的相关制度及掌控制度的实施，从而使这种"自然"的、非结构化的知识成为结构化的、有计划的管理体系。

其次，价值观管理理论。企业价值观是以高管价值观为主导的群体价值观念，并以企业中各个个体价值观为基础，它不仅是直接指导企业员工行为取舍的评价标准和观念体系，而且是企业员工共同认可的价值观念和行为准则，同时决定着企业及员工的行为取向和标准，也是指企业及员工对其行为意义的认识体系。

国内外众多学者高度评价了价值观管理的作用。斯蒂芬·P. 罗宾斯认为，价值观管理实际就是推行组织共享价值观、管理者建立的一种有效管理方式；叶泽川也强调价值观管理的本质是对企业的非定量方面的软性管理；威廉·大内在《Z 理论》中指出，气氛和传统构成一个企业的文化，文化意味着一个企业的价值观，如进取、保守或灵活；马丁·E. 哈纳卡和比尔·霍金斯（Martin E. Hanaka and Bill Hawkins）认为，组织的价值取向明确了某种组织文化，它有助于指导他们工作中的日常表现。普华永道公司前主席尼古拉斯·穆尔一语中的，伦理价值观是把高度分散的组织有机聚在一起的黏合剂；加里·韦弗等教授的研究结果表明，以价值观为基础的文化能够带来一系列利益；厉以宁认为，建设企业文化的本质就是培养认同感；乔东等认为，以价值观为核心、以提高人员和组织的素质为最终目标、以更好地服务于社会为己任，制定和实施竞争战略的理论，形成了价值观管理；魏文斌则指出，组织文化管理指组织把文化放在管理的中心地位，并将此贯穿于管理活动的整个过程，其核心实际上就是价值观管理；张瑞敏对此也有精辟论述：企业发展的灵魂是企业文化，其最核心的内容就是价值观；单孝虹认为，价值观建设是企业文化建设的核心，是企业发展的精神支柱，价值观是企业凝聚力的黏合剂，是企业目标定位的核心；吴剑平、张德总结价值观管理的三大作用包括凝聚与协同功能、内在的规范性约束功能、激励功能等。可见，价值观管理更有利于建立组织与员工相互忠诚的信任关系，也推进了道德资本和企业社会资本的累积。

可见，企业发展的关键因素是企业价值观，学术界和企业界共同认识到价值观管理是引导企业走上成功的"航标"。德鲁克曾说："组织的生存实质是价值观的维系。"这种观点得到了企业家和众多学者的肯定："通过清晰的表达和密切的关注，去灌输价值观，在某种程度上就是一个企业由领导层推出的最重要的目标之一。"

综上所述，企业价值观是人们对企业生产行为、公众形象、产品、社会声誉和资信等总的看法，是企业作为一个共同体长期形成的一种共识，是企业一种共同的、稳定的文化积淀或心理定式，是企业的共同信念和是非标准，是企业人的一种共同的规范体系和行为取向，也是企业在追求经营成功的过程中所信奉和推崇的基本行为准则，是企业长期经营活动的历史沉淀，并在一定程度上决定着整个企业生存和发展趋势的思想、观念和理念。其对高管胜任力与企业社会责任之间起中介作用的一种合理的解释是，如果企业的高层管理者具有卓越的胜任力，且其隐性知识能够被充分发挥及利用，他们为了企业社会责任履行的全面提升，就会通过价值观管理影响企业的社会责任管理。

基于以上分析，提出"思想→行为"路径（见图3-8），并提出如下假设：

H4：管理知识与企业责任管理正相关；
H4a：管理知识与企业责任管理制度的完善正相关；
H4b：管理知识与企业责任制度实施的程度正相关；
H5：管理技能与企业责任管理正相关；
H5a：管理技能与企业责任管理制度的完善正相关；
H5b：管理素质与企业责任制度的实施程度正相关；
H6：管理素质与企业责任管理正相关；
H6a：管理素质与企业责任管理制度的完善正相关；
H6b：管理素质与企业责任制度的实施程度正相关。

三 企业责任管理与社会责任履行："行为→结果"路径

纵观企业责任管理理论的发展历程，其根本是对企业管理理论的完善、充实和拓展。从本质上讲，企业是其社会责任管理的主体，责任管理体系的实施体现为企业的一种战略安排，以及这种战略安排为企业带来怎样的利益。

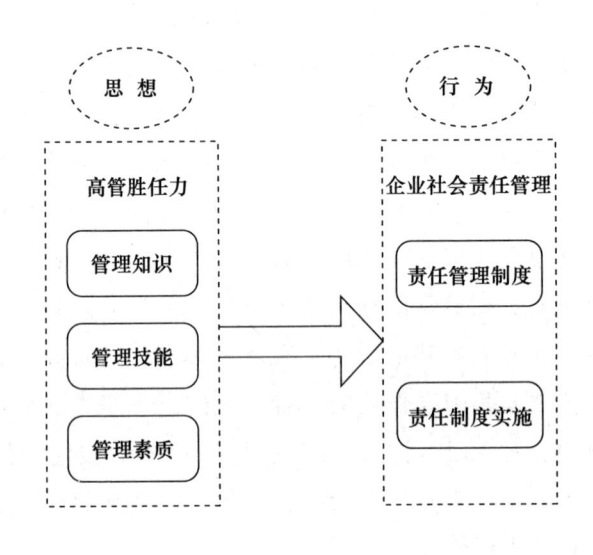

图 3-8 "思想→行为"路径

实现责任管理对企业社会责任的积极作用，应注意以下几个方面：

（1）利润是企业社会责任管理的重要目标，但不是唯一目标。特别是从短期来看，牺牲利润而服务于社会责任是企业所必须接受的事实。

（2）企业社会责任管理目标的提出，颠覆了企业自身的发展是企业存在的终极目的传统观念，建立了企业作为市场经济活动的主体，除追求自身发展外更应服务于社会并体现社会价值的理念。

（3）从企业内外部环境来看，环境条件是其生存和发展的基础，而内外部环境要求是其发展的依据和动力。

因此，企业应充分重视并协调内外部环境条件，使环境条件和要求相互匹配，达到内外部要求均衡，从而实现企业社会责任管理的目标,即提升企业社会责任的履行(见图3-9)。同时,企业社会责任管理目标应体现对环境的回应与满足,而并非传统企业所强调的仅仅适应环境。

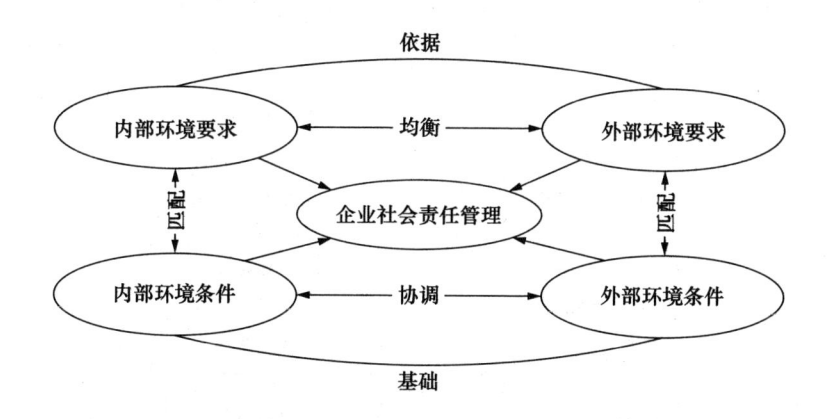

```
                        依据
        ┌──────────────────────────────────┐
   ┌─内部环境要求─┐ ←均衡→ ┌─外部环境要求─┐
        ↑                              ↑
        │匹配                          │匹配
        ↓      ┌─企业社会责任管理─┐    ↓
   ┌─内部环境条件─┐ ←协调→ ┌─外部环境条件─┐
        └──────────────────────────────────┘
                        基础
```

图3-9 企业社会责任管理的条件与要求

可见,企业社会责任管理体系是企业根据其内部和外部不同的要求及特殊性,进一步制定履行社会责任的目标,有机地整合内部各种有利资源,从而履行企业的市场、用工、环境及公益等不同方面的责任,对实施过程和实施结果进行控制与评价,达到企业责任能力与内部资源、社会期望与企业责任能力相匹配,最终达到提升企业履行自身社会责任的动态管理目标。

基于以上分析,提出"行为→结果"路径(见图3-10),并提出如下假设:

H7:责任制度与企业社会责任的履行正相关;

H7a:责任制度与企业市场责任的履行正相关;

H7b:责任制度与企业用工责任的履行正相关;

H7c:责任制度与企业环境责任的履行正相关;

H7d:责任制度与企业公益责任的履行正相关;

H8:责任制度实施与企业社会责任的履行正相关;

H8a：责任制度实施与企业市场责任的履行正相关；
H8b：责任制度实施与企业用工责任的履行正相关；
H8c：责任制度实施与企业环境责任的履行正相关；
H8d：责任制度实施与企业公益责任的履行正相关。

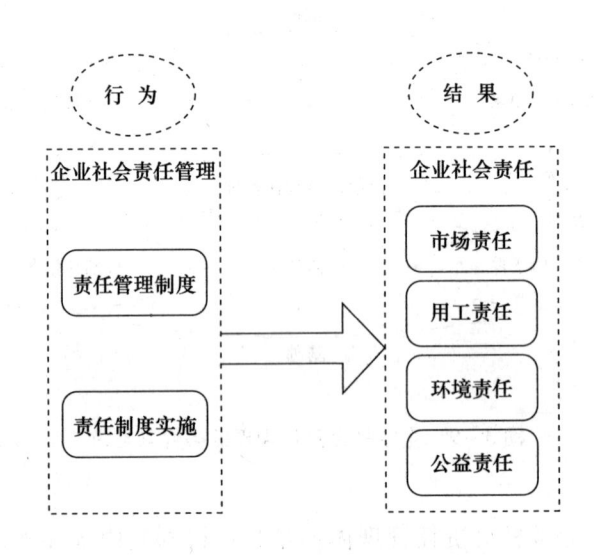

图 3-10 "行为→结果"路径

四 企业责任管理的中介效应

通过以上论述分析，本书提出以下中介效应假设：高管胜任力对于企业社会责任履行的影响可以通过责任管理体系，即责任制度与责任实施联合传递。

责任管理的中介效应是指高管胜任力的提升有助于企业责任管理的不断完善，从而提高企业社会责任的履行。

首先，高管的管理知识，包括其学历、专业知识、工作经验、海外经历等显性知识和隐性知识能够为制定合理的企业责任管理制度奠定基础，使企业的责任管理战略的进一步实施得以保障。

其次，高管的管理技能，主要包括战略决策能力、宏观控制能力、开拓创新能力、团队协作精神以及国际化视野等是企业责任管理制度建立的有效保证，也保证了制度的实施能够有的放矢。

此外，高管的管理素质，包括诚信正直、责任意识、敬业精神、自我认知、工作激情以及尊重他人等是企业责任管理制度制定的风向标。

高管是企业价值观的主导者，高管的管理素质是决定责任管理的重要因素。因此，责任管理在高管胜任力与企业社会责任的履行之间起到中介效应。

基于以上理论分析，提出以下假设：

H9：企业责任管理在高管胜任力与企业社会责任的履行之间具有中介作用。

第四章　研究设计与数据收集整理

通过对企业社会责任和高管胜任力的理论分析，本章将对调查问卷的设计、数据的收集和整理过程进行阐述，以便为研究假设的实证分析提供充分的准备。

第一节　调查问卷的设计

一　调查问卷的设计过程

调查问卷和访谈等形式是本书在实证过程中获得数据的主要方法。科学、合理地对问卷进行设计是保证调查数据质量的必然要求。王重鸣（1990）认为，目的与研究框架、语句、用词以及组织格式构成了调查问卷量表的主要层次。进行问卷设计时，问卷的目的决定着其内容和子量表的构成；设计问卷时，应尽量做到使用简单的语句，并使问题不带有任何引导性，尽量使用明确、具体的语句；抽象的词语在调查问卷设计过程中要被杜绝，这样可以有效地防止思维定式和控制反应偏向。马庆国（2002）指出，一份科学的调查问卷，其设计应遵循以下几点：研究目的是问题设计的根本依据；调查对象特征是问题设置的重要考虑因素；无法得到如实回答的问题尽量避免；对于必须了解，而又有可能得不到如实回答的数据，尽量使用其他方法获取。荣泰生认为，调查问卷的设计应遵循以下几条基本原则：（1）主题明确，并使调查对象能够很快了解研究目的、基本要求以及调查过程；（2）尽量避免问卷的开始就使应答者觉得枯燥而失去合作兴趣，问题设计应循序渐进，从一般性的简单问题开始；（3）为了减少应答者的混乱感，应将同一主题的题项放在一起；（4）避免重复说明和一些敏感性问题。

可见，一份合格调查问卷的设计，包含很多重要因素。本书在问卷设计中对专家提到的原则性问题进行了严密的考虑和处理。同时，在参考前人工作的基础上，多次探访被访谈者或被调查者，征求他们对于问卷表述的意见，并进行了多次修正。此外，一致性动机问题的避免也是调查问卷回答过程中非常重要的因素，为了避免它的出现，根据萨兰西克和普费弗（Salancik and Pfeffer, 1977）、李等（Lee et al., 2001）的观点，问卷对研究的逻辑和内容较少的描述，能够有效提升问卷结果的可靠性。据此，本书在问卷设计的过程中，并没有说明研究逻辑，从而最大限度地保证问卷结果的可靠性。

在参考大量国内外调查问卷设计形式、文献研究成果以及成功项目访谈的基础上，结合以下方法，逐步形成本书所需要的问卷。

（1）文献资料法。查阅了大量近年相关学术论文、专著等研究文献，精读了大量国内外经典文献，并及时跟踪相关权威网站关于企业社会责任和高管胜任力的最新研究进展。通过不断完善，形成初步调查思路。

（2）田野考察法。研究以陕西企业中企业社会责任表现较好的6家代表企业为重点对象，进行了深入田野考察，企业的高层管理者是访谈的主要对象。访谈目的主要有两点：一是验证本书思路的正确性。为了检验研究思路是否与现实相符合，首先必须征询被访谈者关于初始假设的意见。二是征询被访谈者对研究模型各变量测度和表面有效性（face validity）等方面的意见，这样调查问卷的目的就得到进一步完善，最后通过田野考察逐步形成初始的调查问卷框架。

（3）专家访谈法。本书对该领域的一些专家进行了当面或者邮件访谈，拓展企业社会责任和高管胜任力相关理论的广度及深度。因为该研究主要是针对高管胜任力对企业社会责任的作用机理，故选择的专家主要为经济学、管理学、伦理学和心理学等专业的教授，以及有着丰富理论基础与实战经验的高层管理者。在此基础上，对问卷指标进行了不断完善。

（4）预调研。为了验证调查问卷中指标设置和问卷表述的合理性，本书对修改后的调查问卷进行了预测试。预测试的范围主要包括陕西省56家企业，调查对象为企业内的高管和与高管经常有密切接触的工作人员。根据被测试者的反馈，对问卷进行了再次修改，并在此基础上形成了最终的调查问卷。

（5）问卷调查。针对本书的主题，依据社会责任和高管胜任力的相关理论，在参考大量文献和对相关人士访谈的基础上，结合预调研的反馈结果，用最终的《企业社会责任与高层管理者胜任力关系调查问卷》对192家企业进行了问卷调查。

本书中的问卷调查是围绕高管胜任力、企业责任管理及社会责任的履行之间的关系而设计的。因为假设检验的效果直接受到测量指标的影响，所以问卷设计当中所涉及的测量项目指标力求做到客观、科学，同时也确保测量变量的信度和效度。本书的调查问卷设计过程主要分为以下几个步骤：

第一，收集相关文献，为变量的测量奠定基础。为了便于与已有的研究结论作对比分析，保持研究的连续性和一贯性，必须通过整理、总结和归纳国内外企业社会责任的相关文献，并结合国内市场环境的实际情况，形成各考察变量的初步测量问项。本书参阅了大量相关文献，在对问卷中所涉及的三个潜变量（高管胜任力、责任管理、企业社会责任）进行梳理的基础上，尽量引用已有的测量项目，并根据研究需要相应地调整或删除了部分测量项目，从而使模型中的潜在变量都能够科学地被调查问卷的问题反映出来。

第二，小规模访谈，形成初始调查问卷。在定性分析的基础之上，提炼最能反映各个潜变量维度的代表性测量项目；并在与已有的测量项目进行对照的基础上，对有效的测项直接借用，而对不恰当的测项进行修正，对所需新的测项进行补充；此外，在进行前测之前，研究小组邀请了数位企业社会责任和胜任力领域的专家，让他们对问卷进行了严格审查。接着，小组成员对于意义重合的题项予以删除，对于表述不清或者语言含糊的题项进行了修改和注释。最终形成一份初步的调查问卷。

第三，预测试。测量项目被确定之后，编成初步的调查研究问卷。并对 EMBA 和 MBA 的学员进行前测，让他们来评价问卷中所测量项目是否能够达到测量目的的要求、是否符合企业及高管的实际情况等，并填写问卷，以便检验问卷的可靠性和有效性。

第四，完善问卷。通过对预测时问卷结果的认真分析，项目小组对调查问卷中的一些测量项目进行了必要的调整、修正和补充。

第五，完成问卷。通过以上不断的积极实践，项目研究小组经过反复斟酌，调整了部分测量项目，形成最后的调查问卷。

二 调查问卷的设计内容

由于问卷的目的及其理论依据决定了问卷量表的构成、题项的安排及内容，因此这是调查问卷设计中需要重点考虑的内容（王重鸣，1990）。本书将项目小组自行设计的问卷作为研究工具，问卷设计的目的是研究高管胜任力对企业社会责任履行的作用机理，因此需要调查问卷能够为所研究项目提供充实、有效的数据。基于此，针对各部分研究目的，调查问卷须由以下三部分组成：（1）简要说明本书的调查目的；（2）收集被调查者的基本信息及其企业信息；（3）调查问卷的主要内容。这个部分的内容由三个小部分构成，即高管胜任力、企业责任管理和社会责任的履行状况。其中，这三个小部分又由各自维度下的若干小问题组成。

本书的调查问卷项目采用的是李克特 5 点量表（5 分制）：1 分表示完全不同意，2 分表示基本不同意，3 分表示不确定，4 分表示基本同意，5分表示完全同意。调查问卷所涉及主要测量题项的文献主要来源如表4-1所示。

表4-1　　　　　　　问卷各部分测量项目主要来源

序号	问卷组成部分	文献来源
1	基本资料	自行整理
2	高管胜任力	赵曙明、时勘、王重鸣；麦克利兰；Mcber 和 Company；Mever 和 Semark；Boyatzis；斯宾瑟
3	企业责任管理	贾明；李伟阳、肖红军；瓦多克；伍德；戴维·基思；罗伯特·阿克曼；爱泼斯坦
4	企业社会责任	卡罗尔；Orlitzky；克拉克森；霍普金斯；普林斯顿；Medic；ISO26000；中国社会科学院经济学部CSR研究中心；杭州市CSR建设领导小组

资料来源：笔者根据相关文献整理。

为确保测量工具的效度及信度，在高管胜任力、企业责任管理、企业社会责任的履行等概念的衡量方法和可操作性定义上，本书尽可能采用国内外已报道过的量表，再根据本书的目的进行修改，从而作为收集实证数据的工具。

问卷调查的基本情况包括性别、年龄、受教育程度、所负责的部门、任职年限以及被评价企业的性质、规模、所属行业等基本情况。其中，对问卷填写人的负责部门和任职年限的调查是判断问卷有效性的重要指标之一；对企业性质、规模及所属行业的调查为研究不同企业的社会责任履行存在何种差异打下基础。

（一）自变量的定义与测量

自变量，即解释变量，是指引起因变量发生变化的因素或条件。在借鉴和发展前人研究成果的基础上，本书将高管胜任力的三个维度，即管理知识、管理技能和管理素质作为本书的自变量（见图4-1）。

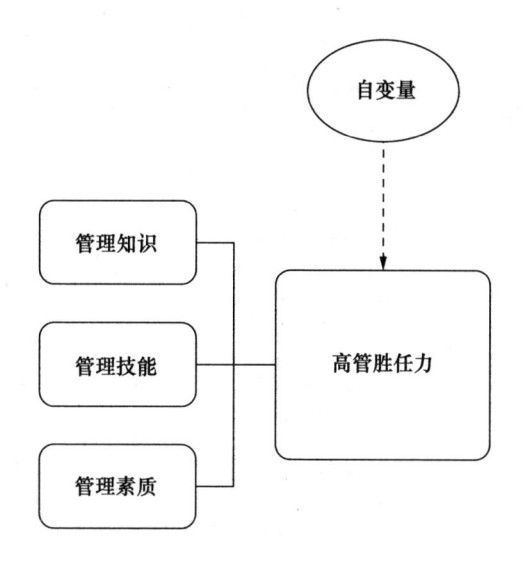

```
                        ┌─────────┐
                        │  自变量  │
                        └─────────┘
                             ╎
   ┌────────┐                ▼
   │ 管理知识 │──┐      ┌──────────┐
   └────────┘  │      │          │
   ┌────────┐  │      │          │
   │ 管理技能 │──┼──────│ 高管胜任力│
   └────────┘  │      │          │
   ┌────────┐  │      │          │
   │ 管理素质 │──┘      └──────────┘
   └────────┘
```

图 4-1　自变量及其测量维度

同时，管理知识、管理技能、管理素质又通过若干题项进行测量，具体见表 4-2。

表 4-2　　　　　　　　高管胜任力测量指标

高管胜任力维度	测量指标
管理知识	学历
	专业知识
	工作经验
	海外经历
管理技能	战略决策能力
	协调控制能力
	激励指挥能力
	开拓创新能力
	团队合作能力
	国际化视野

续表

高管胜任力维度	测量指标
管理素质	诚信正直
	责任意识
	敬业精神
	自我认知
	工作激情
	尊重他人

(二) 因变量的定义与测量

因变量,即被解释变量,是指由于其他因素的变化而导致变化的变量。企业社会责任的履行是本书的因变量。企业社会责任的履行为企业战略目标的重要内容之一,其基本要素除了包括企业利益(如股东、客户和员工)外,还包括坚持可持续性发展(如保护环境),以及为社区和更广泛区域内的人们服务,此外还要重视企业的社会贡献。另外,社会责任并不仅仅包括捐助或者创立公众形象,而且意味着企业与利益相关者之间的各种和谐关系,来满足全人类的需要和解决所面临的一系列问题。

企业社会责任的维度随着其概念的衍生和扩展,不断丰富和具体化。由最初学者的一维论(Hayek, 1960; Friedman, 1970)、二维论(Steiner, 1980; Gallo, 1980; Gallo, 2004; Frederick, 1983; 尤力和王金顺, 1990; 卢代富, 2001; 刘凤军, 2007)和三维论(美国经济发展委员会, 1971; Sethi, 1975; Schwartz and Carroll, 2003; 陈志昂和陆伟, 2003; 陈迅和韩亚琴, 2005; 陈淑妮, 2007; 姜启军和顾庆良, 2008),到企业社会责任四层次型(Carroll, 1979, 1991)。学者对企业社会责任的维度不断地进行完善。结合前人的研究成果,本书将企业社会责任分为四个维度,即市场责任、用工责任、环境责任和公益责任。

在借鉴和发展前人研究成果的基础上,本书将企业社会责任的履行作为本书的因变量（见图4-2）。

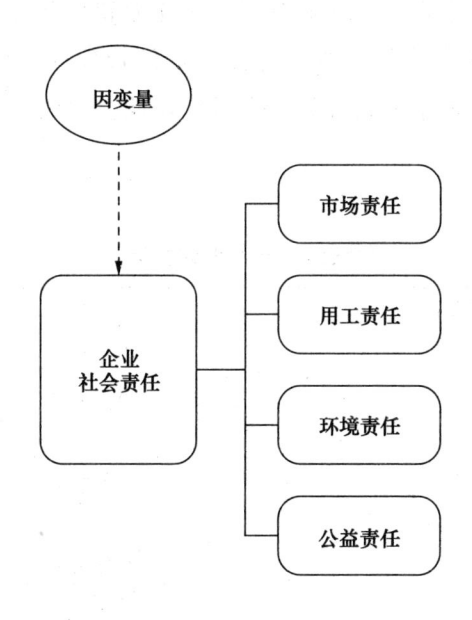

图4-2 因变量及其测量维度

参考 KLD 数据库是很多国外研究对 CSR 进行衡量的重要方法，研究者通过引用某企业在特定维度上的表现数据，就可以进行相关分析。但是，由于我国在此类数据库方面的缺乏，如果 KLD 数据库中利益相关者维度的表现数据被直接引用，很可能导致脱离实际的情况。同时，由相关法规组成的 SA8000 标准必须完全用于企业社会责任测量。基于此，本书在对 KLD 数据库利益相关者维度索引以及 SA8000 标准借鉴的基础上，按照 ISO26000 提出的社会责任相关理念，结合我国国情，确定四大维度的具体指标。同时，市场责任、用工责任、环境责任及公益责任又通过若干题项进行测量，具体见表4-3。

（三）中介变量的定义与测量

一般来说，当一个变量在某种程度上能说明自变量与因变量之间的关系时，就可以认为它可能起到中介效应。研究中介效应的目的是在已知某些关系的基础上，进一步探索这些关系的内部作用机制。本书中，社会责任管理就对高管胜任力和社会责任的履行起到了非常重要的中介作用，通过对社会责任管理这一中介效应的研究，会更加深刻地了解高管胜任力对企业社会责任履行的内部作用机理。

表 4-3　　　　　　　　　企业社会责任测量指标

企业社会责任维度	测量指标
市场责任	诚信经营
	依法纳税
	售后服务
	产品质量
	股东收益
	伙伴利益
用工责任	依法用工
	协调机制
	安全生产
	职业健康
环境责任	低碳节能
	减排降污
公益责任	关爱社区
	慈善事业

在借鉴和发展前人研究成果的基础上，本书将社会责任管理作为中介变量（见图 4-3）。

同时，责任制度和制度实施又通过若干问题进行测量，具体见表 4-4。

（四）对调节变量的定义与测量

一般来说，一个变量如果能够影响某个自变量与因变量之间关系的方向或者强度，我们就称之为调节变量。它与中介变量的区别

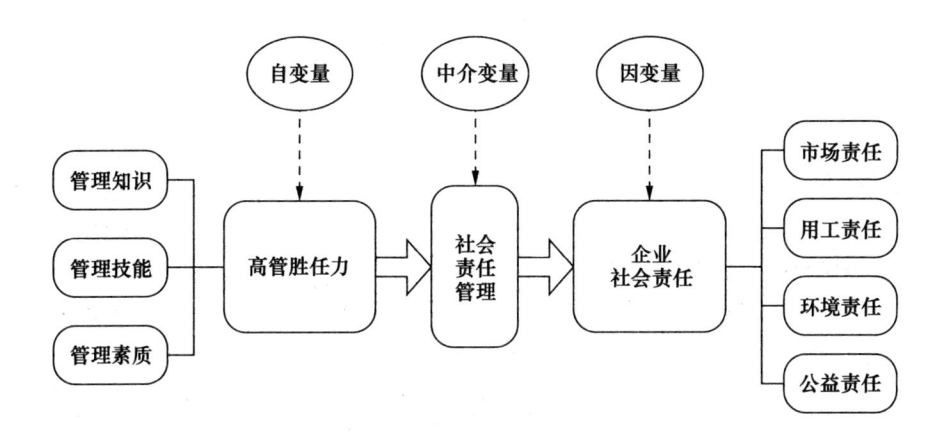

图 4-3　具有中介变量的自变量与因变量关系

表 4-4　　　　　　　　　责任管理测量指标

企业责任管理维度	测量指标
责任制度	发展规划
	指标体系
	领导机构
	企业文化配合
制度实施	需求调查
	责任报告推进
	负面信息披露
	责任监控、反馈

在于：后者强调作用机理的内部变量，而对一些外生变量则兴趣不大；前者虽然强调的不是变量之间的内部作用机理，但是，关注的因素会更加广泛一些。

在借鉴和发展前人研究成果的基础上，本书将企业规模、所属行业以及企业性质作为研究的调节变量（见图 4-4）。

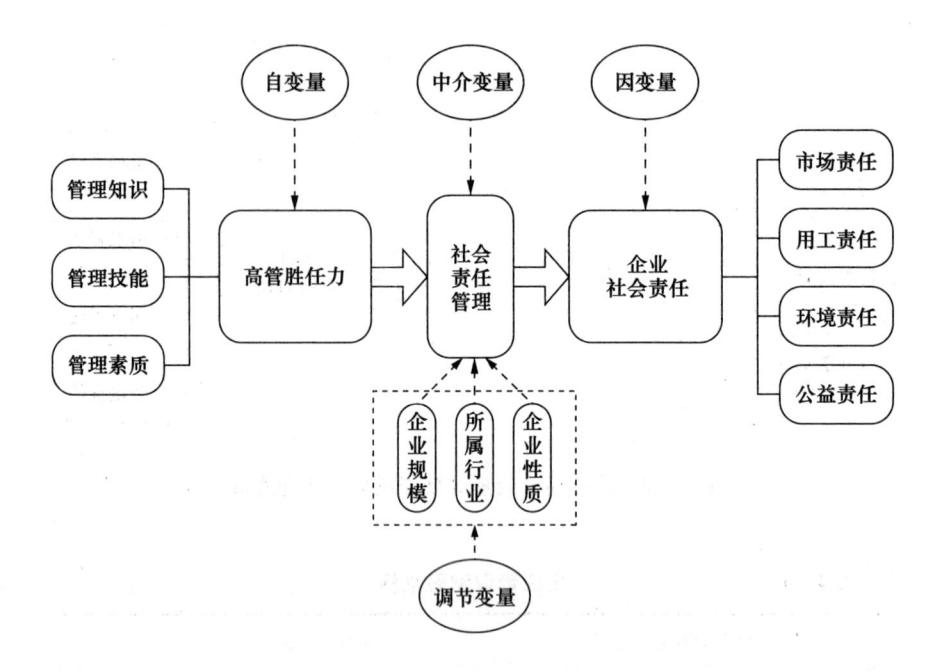

图 4-4　具有中介变量和调节变量的自变量与因变量关系

第二节　数据收集

在调查数据收集的整个过程中，本书主要经历了以下两个步骤：确定调查对象以及问卷的发放与回收。

一　确定调查对象

福勒（Fowler，1988）认为，最有可能导致被调查者对问题的回答不够准确主要有以下四个因素：第一，被调查者不能明确回答相关信息；第二，被调查者不具备回忆答案信息的条件；第三，被调查者不愿对问题进行回答；第四，被调查者不理解问卷问题具体内容。对被调查对象进行严格选择和控制，是本书为了尽可能地避免基于上述因素的信息失真所采取的有效措施。

样本的选取主要从以下两个方面考虑：一方面是怎样的企业才能够入选研究样本；另一方面是企业中哪些部门来回答问卷。本书研究的是高管胜任力与企业社会责任履行之间的相关关系，该问题与企业战略相关并且包含企业经营行为。因此，为了保证对相关调查概念的准确理解，调查对象必须是对企业有全局性了解的企业高层领导或与之有紧密联系的，且受教育程度中较高的相关人员。这样才能够最大限度保证问卷的信度与效度。

二 问卷的发放与回收

为了确保样本的有效性，问卷的发放采用网络发放与现场发放相结合的方式。现场发放样本的主要是来自 EMBA 和 MBA 以及由专业组织举办的高层管理论坛的企业管理者。此外，项目组成员还走访了大量企业家、高层管理者进行了深度访谈。采用这种做法有以下几个主要原因：第一，大部分被调查者都比较关注当今社会政治和经济领域的发展，同时，他们对管理学课程比较熟悉，对调研问卷的内容能够较好地理解。最重要的是，他们对企业情况非常了解。第二，调查过程中，少量高管不愿意填写调查问卷，对于这部分人员，也不勉强填写。第三，本次问卷调查的意义得到了一部分被调查者的充分肯定，并表示愿意表达自己最真实的意见，甚至还有不少被调查者表示非常愿意进行继续的交流，希望进一步了解问卷回收所得的分析结果。所以大部分被调查者都能认真地填写问卷。由于双方的信任度较高，小组成员采用现场发放的形式共发放 202 份调查问卷，回收率为 100%。

此外，本书参考唐·R. 德蒂尼、克里斯廷·S. 科伯格和库尔特·A. 赫帕德（Dawn R. Detienne, Christine S. Koberg and Kurt A. Heppard, 2003）的经验，依据迪尔曼（1978）的全面设计方法（Total Design Method, TDM），采用以网络信函方式对调查问卷进行间接发放。向样本框架中 35 家企业的高管发放 133 份问卷并附有基本要求（如样本选择、被调查对象选择等），请他们委托符合条件的高层管理者（或者与高管有密切接触的工作人员）进行填写。在说明信函中，研究者向被调查者保证对所填问卷进行严格保密，并承诺为感兴趣的被调查者提供成熟的研究报告。最终，133份调查问卷中收到有效问卷124份。

第三节 数据整理

问卷调查结束以后，研究小组对回收问卷进行了认真的检查与整理。首先，对于存在明显态度问题填写的或者未完成的调查问卷进行了剔除。其次，在数据输入过程中，研究者对填写质量进行检查，从而对回答质量不合格的问卷做了删除。删除原则有以下几点：（1）存在等于或大于5个缺漏选项的问卷；（2）存在绝大多数问题为相同回答的问卷；（3）一个题项给出多个答案，并且无法判断其最终答案的问卷；（4）存在明显规律性答案现象的问卷（如同一排列规律答案重复出现或出现"Z"字形状的答案）。最后，按照编号排序将通过筛选的调查问卷结果输入计算机，为下一步的统计分析做好准备。

一 问卷回收情况

调查问卷的发放时间范围为2014年7月至2015年3月。调查问卷的发放数量为335份，收回数量为326份，回收率97.31%。问卷回收后，剔除无效问卷，得到有效问卷317份，问卷有效率为94.63%。问卷回收状况的具体情况如表4-5所示。

一般来说，结构方程模型分析所需的样本数量的确定应该遵循以下方法：样本数减去模型中所需要估计的参数数量大于50，适合用最大似然估计法来估计结构方程模型的样本数最少在100—150（Ding et al.，1995）。如果样本数过大（如大于500），那么最大似然估计将变得过于敏感，可能导致全部配合度指标检验呈现出配合不佳的效果（Tanaka，1987；Mar et al.，1988）。同时，布姆斯玛（Boomsma，1982）认为，样本容量也不能小于100，因为如果样本容量小于100，就会导致相关矩阵不够稳定，从而使得结构方程分析的信度降低。可见，本书所收集的样本数 N = 326 是适当的。

表 4 – 5　　　　　　　　　问卷回收统计

问卷情况	问卷份数	比例（%）
实际发放问卷	335	100
回收问卷	326	97.31
有效问卷	317	94.63
无效问卷	9	2.69

二　数据分析

本书问卷采用李克特量表的 5 分制法。调查问卷各部分的描述如下。

（一）样本构成

回收问卷结果表明，被调查企业共 126 家，企业规模的分布情况如图 4 – 5 所示。

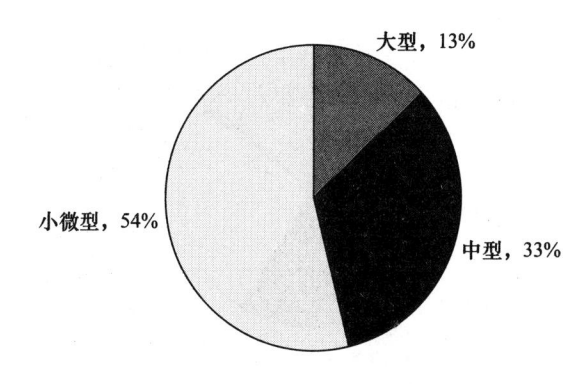

图 4 – 5　所调查企业规模分布

从图 4-5 中可以看出，中小型企业占调查企业总数的 87%。为了提升问卷的质量和效率，项目组成员对被调研企业进行了严格筛选，由于陕西、甘肃、山西、内蒙古、四川、江苏、广东、福建等省份是本书样本数据的主要来源，其主体为中小型企业，因此能够判断本书反映的正是调查对象的实际情况。

（二）调查性别特征

表 4-6 是参与调查对象的性别统计。从表中可以看出：男性数量明显大于女性数量，其中男性居多，为 72.87%；女性比例偏低，为 27.13%，说明企业高管人员中，男性比例较大。

表 4-6　　　　　　调查对象的性别统计

性别统计		样本数	比例（%）
性别	男	231	72.87
	女	86	27.13

（三）高管年龄分布统计

对高管年龄分布情况统计可以看出，企业高管人员的年龄 36 岁以上居多，但是 36—40 岁及 41—45 岁比例分别为 22% 和 28%，说明企业高管梯队建设取得很好的效果（见图 4-6）。

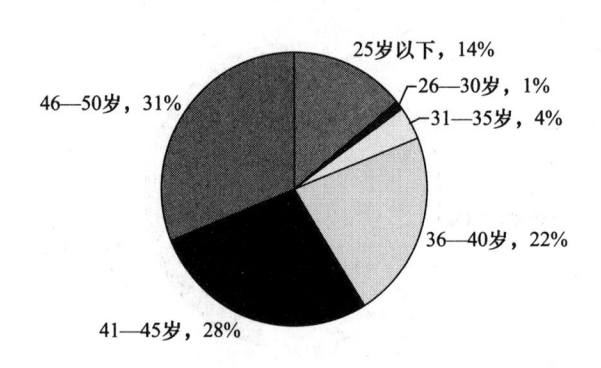

图 4-6　高管年龄分布

（四）高管学历情况统计

对高管学历分布情况统计可以看出，本科学历比例以42%荣居榜首，硕士学历的高管为85人，占总人数的27%，博士学历的企业高管人员占总人数的14%，说明企业高管的整体学历水平较高（见图4-7）。

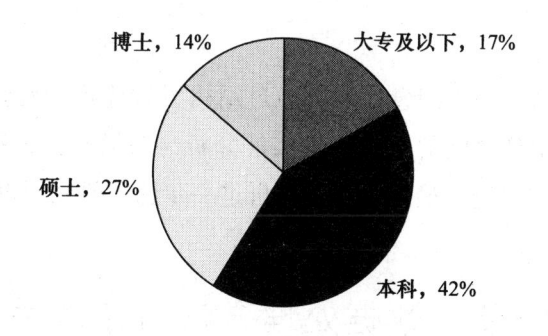

图4-7 高管学历分布

第五章 实证分析与假设检验

本章将基于调查问卷资料,通过结构方程建模,对高管胜任力与企业社会责任之间的关系进行实证分析与假设检验,并对部分结论进行分析和讨论,最后以案例剖析进一步论证研究假设。

第一节 数据处理方法与技术手段

本书主要运用 SPSS 17.0 和 AMOS 17.0 等软件对回收问卷的数据进行了分析,采用的数据处理方法包括以下几种。

一 描述性统计分析

描述性统计分析是数据分析的重要开端,它可以发现样本数据的内在联系,再选择与之对应的分析方法。描述性统计分析主要对数据的频数、集中趋势、离散程度、数据的分布,以及一些基本的统计图形等所有变量的有关数据做统计性描述。

二 信度和效度检验

一般来讲,如果对相同或相似的群体进行不同的测量,所得结果的一致程度较高,就称其信度较高。信度指测量结果的一致性、可靠性或稳定性,是效度的必要非充分条件。换句话说,测量没有信度就无效度可言。对信度进行评价可借助对同一量表的不同测量分析其结果之间的联系。

效度是指采用因素分析对问卷的理论构思所进行的验证。效度检验包括两个重要方面：构建效度和内容效度。内容效度是指问卷题项能在多大程度上反映研究者所需测量数据的程度。因此，如果问卷的测量内容能够很好地包含研究者所需要的评价内容，就表明所使用的测量内容具有合理的内容效度。对构思效度进行科学的评定，最重要的是对测量的总体安排、项目的结构以及项目之间的关系做出合理的说明，再运用因素分析等方法从若干数据中分解出基本构思，从而对测量的构思效度进行分析。由于本书借鉴了很多过去的相关文献，相关变量已经被多次使用。因此，问卷应该符合构建效度的要求，同时也具有相当的内容效度。

三 因子分析

丘奇和伯克（Church and Burke, 1994）认为，探索性分析优势在于对未知的构思，而验证性分析优势在于为假设模型提供合理的拟合指标和检验。探索性因子分析（Exploratory Factor Analysis, EFA）和验证性因子分析（Confirmatory Factor Analysis, CFA）是因子分析的两种主要形式。两者虽然都是用来检验量表及模型的结构效度，但也存在很大的区别：EFA 能够检验初步的结构探讨或理论形成，并有效地寻找事物的内在结构，但它不能检验理论的因素建构；然而，CFA 能够测验已知的特定结构是否根据假设的机理发挥作用。CFA 虽然也是检验量表及模型的结构效度，但它不同于 EFA。CFA 希望由收集到的数据来检验初始的研究假设结构是否正确，因此是针对因素结构用结构方程模式做验证而非探索。正如麦克唐纳和马什（McDonald and Marsh, 1990）指出的，与 EFA 相比，CFA 使研究者通过相关理论的分析与具体的限制，能够使理论和实证相互融合。

四 结构方程模型分析

20 世纪 80 年代，在统计理论的研究基础上，Joreskog 和 Sorbom

等学者提出结构方程模型（Structure Equation Modeling，SEM），它是一种建立在许多传统统计方法基础上的综合性统计方法。SEM是对路径分析、验证性因子分析、多元回归分析、方差分析等统计方法的综合运用及提高。

在结构方程模型中，可以分别用一组观测变量或指标来表示所有潜在变量，并且一组潜在变量是某几个观测变量的线性组合，从而假设一组潜在变量之间存在因果关系。SEM通过验证观测变量之间的协方差，估计线性回归模型的系数，进而验证初始假设的模型是否适合研究整个过程。相较于其他多元统计方法，结构方程模型具有以下优点：

（一）多个变量被同时处理

结构方程模型可同时考虑并处理多个因变量，它可以分析多个自变量与因变量之间的复杂关系，而传统的回归分析或路径分析只对每个因变量逐一计算，在计算自变量对某一因变量的影响或关系时，忽略了其他因变量的存在及其影响，并需要多次处理这些变量之间的关系。只有结构方程可以做到同步分析，这样，就在很大程度上提高了研究的准确性。此外，结构方程可以同时计算出多个自变量之间的关系，特别是应用于中介效用的研究。

（二）允许自变量和因变量含有测量误差

回归分析等许多常用的传统方法虽然允许因变量含有测量误差，但前提是假设自变量是没有误差的。由于观察变量一般都是由问卷题目而来的，问卷结果本身就是由真实值和测量误差所组成的，这样就难免出现误差项。而结构方程不仅可以科学地估算出测量误差的大小，而且可以估计出其他参数值，这样就在很大程度上提高了整体测量的准确度。由此可见，结构方程模型不仅能考虑因变量的误差，而且能处理自变量的误差。所以，能够提供更加精确的解答是结构方程分析的一个突出优点。

（三）结构方程模型允许的测量模型弹性更大

在传统的统计学分析方法中，通常只允许一个指标从属于单一的因子,然而在结构方程分析中,某单一指标完全可以从属于两个潜在因子,而且可以计算出比较复杂的从属关系模型,如高阶因子等。

(四)估计模型的拟合程度

在传统的统计学路径分析中,一般只能估计每一路径关系的强弱。但是在结构方程分析中,不仅可以估计上述参数,而且能够计算出各种模型对于相同的样本数据的整体拟合程度,这为判断更接近实际数据的合适模型提供了很大便利。

结构方程模型可以由三个矩阵方程式代表,且由测量模型和结构模型组成。测量模型一般由两个方程式组成,分别规定了内生的潜在变量 η 和内生的观测变量 y 之间,以及外生的潜变量 ξ 和外生的指标 x 之间的关系。也就是说,测量模型可以被看作对观测变量的可测量性或可靠性的一种描述。具体表达式为:

$$x = \Lambda_x \xi + \delta \quad (5.1)$$
$$y = \Lambda_y \eta + \varepsilon \quad (5.2)$$

其中,x 是外源指标组成的向量;y 为内生指标组成的向量;Λ_x 为外源指标在外源潜变量上的因子负荷矩阵,是外源指标与外源潜变量之间的关系;Λ_y 是内生指标在内生潜变量上的因子负荷矩阵,为内生指标与内生潜变量之间的关系;δ 为外源指标 x 的误差项;ε 为内生指标 y 的误差项。

结构模型主要是建立内生潜变量与外源潜变量之间的关系。它类似于路径分析模式,但不同的是后者使用观察变量,而前者使用潜变量。结构模型的具体表达式为:

$$\eta = B\eta + \Gamma\xi + \zeta \quad (5.3)$$

其中,η 为内生潜变量;B 为内生潜变量间的关系;Γ 为外源潜变量对内生潜变量的影响;ξ 为外源潜变量;ζ 为结构方程的残差,反映的是 η 在方程中未能被解释的部分。

结构方程模型的建立涉及八个基本的参数矩阵:Λ_x、Λ_y、B、Γ、Φ、Ψ、Θ_ε、Θ_δ。其中,Λ_x、Λ_y、B、Γ 的内涵如上文所述,Φ

是外生潜变量 ξ 的协方差矩阵，Ψ 是结构模型残差项 ζ 的协方差矩阵，Θ_ε、Θ_δ 分别是内源变量 x、外源变量误差项 ε 和 δ 的协方差矩阵。模型的设定实际就是设定上述八个矩阵中所包含的一整套模型参数。这些模型参数既可以设定为自由参数，也可以设定为固定参数。

在结构方程模型中，不是每个案例的因变量预测值与观测值之间的差异，而是观测值的协方差与预测的协方差之间的差别作为残差。因为结构方程模型的估计过程与其他统计方法有所不同，它追求的是尽量缩小样本的协方差 (S) 与模型估计的协方差 $[\sum(\theta)]$ 值之间的差异，而不是尽量缩小样本每一项记录的拟合值与观测值之间的差异。结构方程模型的基本假设是：

$$F(S, \sum(\theta)) = 0 \tag{5.4}$$

从式(5.4)可以看出，结构方程模型是建立在拟合函数 $F(S, \sum(\theta))$ 最小化的基础上的统计方法。若模型设定合理，$\sum(\theta)$ 将非常接近于 (S)，它的估算过程采用特殊的拟合函数，使 $\sum(\theta)$ D 与 (S) 之间的差异最小化。虽然有不少拟合函数的估计程序可被选择，但最常用的估计方法依然是最大似然法（Maximum likehood, ML）。它的估计函数如式（5.5）所示。

$$F_{ML} = \log|\sum(\theta)| + tr[S\sum{}^{-1}(\theta)] - \log|S| - (p+q) \tag{5.5}$$

其中，$tr[S\sum{}^{-1}(\theta)]$ 代表矩阵 $[S\sum{}^{-1}(\theta)]$ 的迹，$\sum(\theta)$ 则是模型估计的协方差矩阵，S 是全部变量组成的 $(p+q)xl$ 向量的样本协方差矩阵，S 和 $\sum(\theta)$ 都是正定矩阵，且 $\sum(\theta)$ 存在逆矩阵。最大似然法有以下五点重要特征：（1）最大似然法估计是一致估计，即当样本数量不断扩大时，参数估计收敛于总体的真实值；（2）最大似然估计属于无偏估计，也就是说，从平均水平的角度考虑，如果用大样本数据估计总体参数，不会出现高估或低估的现象；

（3）最大似然估计能够呈现正态分布，即当样本容量扩大时，正态分布是其参数估计的分布趋势；（4）最大似然估计是有效估计，即在大样本数据进行参数估计时方差最小；（5）最大似然估计不受显变量的测度单位影响，即测量单位的改变，不会造成模型结果的改变。

本书的高管胜任力、企业责任管理及社会责任的履行等潜在变量（Latent Variables，LV）存在不能准确、直接测量等问题，因此，需要通过一些外显指标对它们进行间接测量。由于方法本身的限制，传统的统计分析方法无法正确处理这些潜在变量。这也是本书选择结构方程模型的重要原因。总之，SEM 能够通过验证概念模型中所包含的潜在变量结构是否合理，从而对各种潜在变量之间的因果关系进行验证。模型构建、模型拟合和模型评价是 SEM 的三个具体步骤。

第一，模型构建。SEM 既是一种验证性因子分析，也是一个特定模型建构的开端，用来验证所设计模型是否合理。路径系数和路径图可以用来表示所构建的模型。

第二，模型拟合。在完成模型构建的基础上，对观察变量进行参数估计。

第三，模型评价。完成以上工作后，研究者需要评价模型和数据之间的拟合程度。

同时，可以选择以下指标对研究的概念模型进行评价：χ^2/df、RMSEA、AGFI、GFI、IFI、CFI 及 NFI。需要强调的是，结构方程模型是运用特定的统计学方法处理较为复杂的理论模式，并依据模式和数据的一致性程度来评价其理论模型，最终对研究者预先的理论假设进行证实或者证伪。其中，许多衡量标准可被选择用于评价模型的总体拟合程度，拟合指数主要包括相对拟合指数和绝对拟合指数。

绝对拟合优度指标和相对拟合优度指标是实证检验中的常用方法。两者的区别在于：绝对拟合优度指标用来确定实际数据可以和概念模型的拟合程度，它是协方差矩阵或相关矩阵，通常用近似误差均方根（RMSEA）、拟合优度指数（GFI），以及 χ 统计与自由度的比值（χ^2/df）等方法对其进行衡量；而相对拟合优度指标是把概念模型和基准模型相比较而得到的，即将概念模型与虚拟模型进行比较，考察拟合程度改进的程度。通常用常规拟合指数、调整的拟合优度指数、增加拟合指数、比较拟合指数等对相对拟合优度指标进行衡量。

表 5—1　　　　　　　验证性因子分析模型拟合指数

类型	拟合指数	参考标准	备注
绝对拟合指数	χ^2/df	1—3	多组比较时非常有用
	拟合优度指数（GFI）	>0.90	应用不同模型评价表现稳定
	调整的拟合优度指数（AGFI）	>0.90	增加自由度时调整 GFI
	近似误差均方根（RMSEA）	<0.08	模型不简约时加以惩罚
相对拟合指数	相对拟合指数（CFI）	>0.90	对比较嵌套模型特别有用
	标准拟合指数（NFI）	>0.90	对非正态和小样本容量敏感
	塔克—刘易斯指数（NNFI）	>0.90	可用来比较嵌套模型
	递增拟合指数（IFI）	>0.90	应用最小二乘时，比 NNFI 要好

如果数据不能很好地被模型拟合，那么，就需要修正和再次设定模型。修正和再次设定模型需要考虑如何增加、删除和修改模型参数，从而达到增进模型拟合程度的目的。

本书的主要目的是验证高管胜任力对企业社会责任履行的影响的整合模型，整合模型所涉及的变量之间关系复杂且测量中存在误差，采用一般的多元回归分析、路径分析和因子分析方法均无法提示出它们之间蕴含的关系，而结构方程模型方法则恰好克服了上述方法的不足。因此，它最适合于分析本书模型。

第二节 数据分析与检验

一 描述性统计分析

描述性统计是说明样本数据基本特征的常用方法,它可以为后期数据的分析提供有效保障。本书将使用 SPSS 17.0 软件对样本数据进行描述性统计分析,并计算出各题项的均值、标准差、偏度及峰度,以便得出样本数据的集中趋势、离散程度和分布形态,具体如表 5-2 所示。

表 5-2　　　　　　　　样本数据描述性统计分析

题项	均值	标准差	偏度	峰度
Q11	3.9515	1.06737	-0.876	0.273
Q12	3.6688	1.25418	-0.715	-0.402
Q13	3.8351	1.24232	-0.844	-0.264
Q14	3.8982	1.19206	-0.877	-0.089
Q21	4.0230	1.18515	-1.043	0.127
Q22	4.1846	1.07148	-1.226	0.822
Q23	4.0728	1.15162	-1.122	0.393
Q24	3.9812	1.17580	-0.986	0.145
Q25	3.9910	1.19207	-0.968	-0.016
Q26	3.8456	1.14537	-0.865	-0.077
Q31	4.2336	1.06545	-1.312	1.023
Q32	4.1075	1.11762	-0.998	0.097
Q33	3.8309	1.32216	-0.782	-0.554
Q34	4.0013	1.14186	-0.976	0.127
Q35	3.0726	1.16258	-1.133	0.378
Q36	3.7808	1.17429	-0.896	0.126

续表

题项	均值	标准差	偏度	峰度
Q41	3.9542	1.06725	-0.876	0.262
Q42	3.5696	1.32416	-0.722	-0.406
Q43	3.9851	1.24342	-0.836	-0.271
Q44	3.8972	1.19115	-0.873	-0.084
Q51	3.4533	1.11029	-0.485	-0.367
Q52	3.9873	0.98965	-0.654	-0.364
Q53	2.9317	1.30054	0.066	-0.943
Q54	3.3488	1.14956	-0.286	-0.543
Q61	3.7056	1.13288	-0.351	-0.655
Q62	3.5088	1.30079	-0.360	-0.981
Q63	3.2343	1.30079	-0.322	-0.921
Q64	3.3476	1.19877	-0.144	-0.735
Q65	3.1073	1.11759	-0.996	0.096
Q66	3.8674	1.31436	-0.774	-0.234
Q71	3.8551	1.07728	-0.776	0.466
Q72	3.6399	1.09404	-0.821	-0.288
Q73	3.8760	1.21339	-0.936	-0.081
Q74	3.9173	1.24115	-0.775	-0.113
Q81	3.4088	1.12657	-0.428	-0.278
Q82	3.3854	1.25538	-0.261	-0.659
Q91	3.8262	1.08061	-0.759	-0.155
Q92	3.9208	1.12287	-0.586	-0.116

由表 5-2 可以得出：(1) 研究题项的均值分布比较均衡，达到了数据分析的要求；(2) 所得的样本数据的离散程度达到研究要求，即各题项的标准差基本在 0.5—1.3；(3) 各题项的偏度绝对值均小于 3；(4) 峰度绝对值均小于 10 (Kline, 1998)。因此，调研样本数据均符合实证研究要求，从而为下一步研究打下了基础。

二 信度与效度检验

保证样本数据的有效性、集中趋势及分布形态的合理性是实证分析的重要环节,而且还有一个非常重要的环节,那就是所采用量表的信度和效度检验。数据信度,即数据可靠性,是衡量数据质量的一个重要指标,它是指调查问卷的测量结果稳定性或一致性的程度。也就是说,量表的信度越高表示量表越稳定。信度估计的方法很多,如重测信度、复本信度、内部一致性信度以及评分者信度等。目前,内部一致性系数(Cronbach's α)值是学术界在实证研究中普遍使用的方法。[1]

本书采用内部一致性系数 Cronbach's α 来分析企业社会责任和高管胜任力研究量表的信度。

首先,结合调查问卷所收集的样本数据,运用 SPSS17.0 软件计算量表计算,得到量表整体的 Cronbach's α 系数为 0.927,删除任何题项后,系数均没有显著提高。

其次,计算量表中的 9 个变量题项的 Cronbach's α 系数,结果如表 5-3 所示,管理知识的 Cronbach's α 系数为 0.922,管理技能的 Cronbach's α 系数为 0.794,管理素质的 Cronbach's α 系数为 0.892,责任制度的 Cronbach's α 系数为 0.878,责任制度实施的 Cronbach's α 系数为 0.909,经济责任的 Cronbach's α 系数为 0.741,用工责任的 Cronbach's α 系数为 0.878,环境责任的 Cronbach's α 系数为 0.742,公益责任的 Cronbach's α 系数为 0.702,各变量量表删除任何题项后的 α 系数均没有显著提高。

由于 Cronbach's α 系数均达到了信度检验标准,即整体及各要素量表的 Cronbach's α 系数都在 0.7 以上 (Nunnally, 1978)。因

---

[1] 纽纳利(1978)认为,$\alpha > 0.9$ 为信度非常好,$0.7 < \alpha < 0.9$ 为高信度,$0.35 < \alpha < 0.7$ 为中等信度,$\alpha < 0.35$ 为低信度。此外,美国统计学家 Hair(1998)等指出,$\alpha > 0.7$,表示数据可靠性较高;若计量尺度中的项目数小于 6 个,$\alpha > 0.6$ 表明数据是可靠的;若是探索性研究,应该是 $0.5 < \alpha < 0.7$。

此，本书所使用的量表具有较好的信度。

表 5-3　各变量的 Cronbach's α 系数

变量	测量指标	Cronbach's α 系数	α 系数（组合信度）
高管胜任力	管理知识	0.922	0.876
	管理技能	0.794	
	管理素质	0.892	
责任管理	责任制度	0.878	0.889
	责任制度实施	0.909	
企业社会责任	经济责任	0.741	0.782
	用工责任	0.878	
	环境责任	0.742	
	公益责任	0.702	

在进行样本数据量表的效度检验时，本书考虑了内容效度和结构效度两个方面。具体操作如下：

一方面，内容效度检验。第一，在量表初始开发时，研究小组将现有相关文献中的量表进行了系统的梳理、归纳及总结，最大限度地保证了本书所使用量表度量内容的全面性。第二，初步的调查问卷形成之后，项目小组通过小规模访谈等方式邀请了相关学术界和实践领域人士对该量表进行评价，并提出很多建议。在此基础上，对问卷进行了修改，如增加遗漏内容、删除重复内容等。第三，预测试的进行对问卷语言的完善起到了促进作用。通过预测试，本书对问卷题项进行了不断完善，力求做到语言言辞清晰、通俗易懂。由此可见，规范化的量表开发过程是其问卷内容科学性的必然要求，也是量表具有较高内容效度的积极保障。

另一方面，为了检验量表的结构效度，本书采用 AMOS 17.0 软件对研究的各构成要素进行了验证性因子分析。分析结果如表 5-4 所示，模型的绝对拟合参数 χ^2 为 1210.109，规范卡方 NC（卡方与

自由度的比值 χ^2/df) 为 2.352（数值在 1—3），拟合优度指数 GFI 为 0.903（大于 0.90），近似误差均方根 RMSEA 为 0.063（小于 0.08），规范拟合指数 NFI 为 0.918（大于 0.90），递增拟合指数 IFI 为 0.927（大于 0.90），塔克—刘易斯指数（Tucker – Lewis Index）TLI 为 0.915（大于 0.90），比较拟合指数 CFI 为 0.926（大于 0.90）。可见，模型拟合程度较好。

表 5 – 4　　　　　　　　验证性因子分析拟合情况

拟合指标	指标值	拟合情况
χ^2	1210.109	
NC	2.352	$1 < NC < 3$，可接受
GFI	0.903	>0.90，拟合很好
RMSEA	0.063	<0.08，可接受
NFI	0.918	>0.90，拟合很好
IFI	0.927	>0.90，拟合很好
TLI	0.915	>0.90，拟合很好
CFI	0.926	>0.90，拟合很好

综上所述，从量表的信度和效度检验结果可以看出，本书在相关理论文献研究成果的基础上，经过小规模访谈、问卷预测试等科学规范的开发流程，所得到的最终调查问卷量表具有较高的信度和效度水平。所以，由该量表所得的问卷调查数据可靠性得以保障，且高管胜任力对企业社会责任影响的各构成要素变量能够被如实反映，从而有力地支撑了后续的实证研究。

第三节　模型分析与假设检验

一　模型分析

在保障研究所使用量表的信度和效度的基础上，结合企业社会责任与高管胜任力关系的概念模型与理论假设，首先，本书运用A-MOS 17.0软件进行结构方程建模和分析；其次，在参考模型调整指标基础上，本书遵循模型修正和评价的基本原则，对其进行合理调试，进而根据结构方程模型拟合指标的接受标准进行科学评价；最后，通过模型分析结果来验证本书提出的高管胜任力与企业社会责任关系的所有假设。

根据上文所提出的概念模型，为了科学地反映两者各层级要素间相互影响的变量间路径关系，建立了企业社会责任与高管胜任力关系的初始结构方程模型（见图5-1）。

二 假设检验

经过多次调试，最终得到模型的各项拟合指标值（见表5-5）。初始结构方程模型的绝对拟合参数卡方（χ^2）为1325.904，规范卡方NC（χ^2/df）为2.641（数值在1—3），拟合优度指数GFI为0.904（大于0.90），近似误差均方根RMSEA为0.052（小于0.08），规范拟合指数NFI为0.923（大于0.90），递增拟合指数IFI为0.961（大于0.90），塔克—刘易斯指数TLI为0.966（大于0.90），比较拟合指数CFI为0.935（大于0.90），简约拟合优度指数PGFI为0.745（大于0.5）。说明模型整体拟合程度较好，且整体模型简约化程度比较合理。

从初始模型的路径关系验证结果（见表5-6）可以看出，管理知识到公益责任、管理技能到公益责任、管理技能到责任制度及责任制度到公益责任之间的路径关系不显著。因此，试图删除该路径关系，从而得到本书的修正模型。

此外，在对修正模型运算的基础上，得出该模型各项拟合指标值（见表5-5）。从修正模型的拟合结果来看，模型的绝对拟合参数卡方（χ^2）为1337.482，规范卡方NC（χ^2/df）为2.643（数值在1—3），拟合优度指数GFI为0.901（大于0.90），近似误差均方根RMSEA为0.050（小于0.08），规范拟合指数NFI为0.924（大

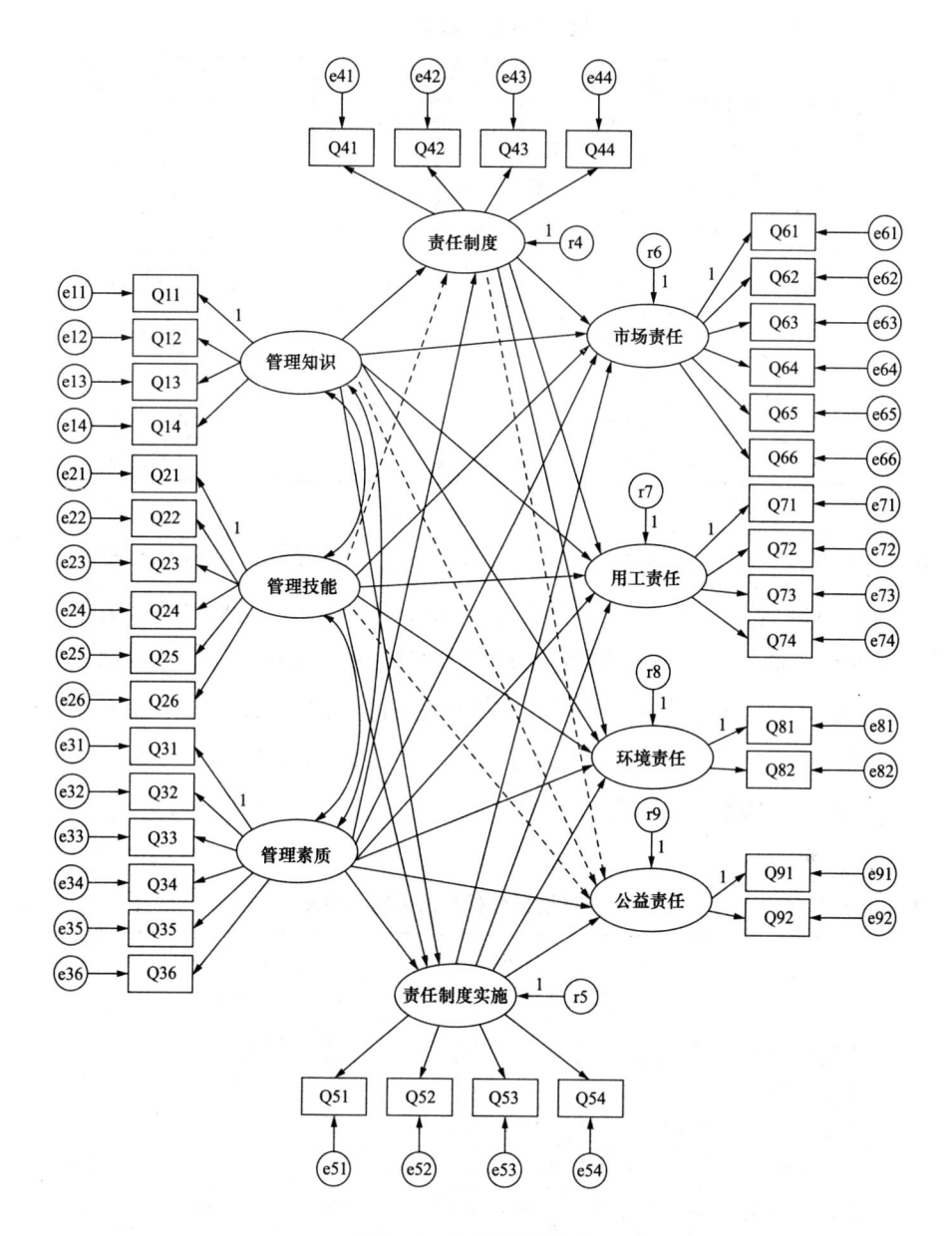

图 5-1 初始结构模型

表 5-5　　　　　　　　　　结构方程模型拟合情况

	初始模型	修正模型	拟合情况
χ^2	1325.904	1337.483	
NC	2.641	2.643	1<NC<3，可接受
GFI	0.904	0.901	>0.90，拟合很好
RMSEA	0.052	0.050	<0.08，可接受
NFI	0.923	0.924	>0.90，拟合很好
IFI	0.961	0.971	>0.90，拟合很好
TLI	0.966	0.973	>0.90，拟合很好
CFI	0.935	0.956	>0.90，拟合很好
PGFI	0.745	0.734	>0.50，比较理想

于 0.90），递增拟合指数 IFI 为 0.971（大于 0.90），塔克—刘易斯指数 TLI 为 0.973（大于 0.90），比较拟合指数 CFI 为 0.956（大于 0.90），简约拟合优度指数 PGFI 为 0.734（大于 0.50）。通过比较可以看出，修正后的拟合指标值接近于初始模型指标值，拟合程度较好。同时，从本次路径关系验证结果可以看出，研究不存在其他不显著关系路径（见表 5-6）。

表 5-6　　　　　结构方程模型分析与假设检验结果

作用路径	初始模型				修正模型				检验结果
	系数	S.E.	C.R.	P	系数	S.E.	C.R.	P	
H1a：管理知识→市场责任	0.141	0.133	0.631	**	0.152	0.064	0.832	**	支持
H1b：管理知识→用工责任	0.182	0.163	2.238	*	0.196	0.054	0.152	*	支持
H1c：管理知识→环境责任	0.115	0.117	0.856	*	0.116	0.076	0.974	*	支持
H1d：管理知识→公益责任	0.077	0.142	1.343	0.187					不支持
H2a：管理技能→市场责任	0.301	0.078	1.198	*	0.328	0.055	0.657	**	支持
H2b：管理技能→用工责任	0.363	0.075	0.728	**	0.347	0.064	0.651	**	支持
H2c：管理技能→环境责任	0.291	0.082	0.297	*	0.296	0.075	1.833	*	支持
H2d：管理技能→公益责任	0.195	0.096	1.108	0.268					不支持

续表

作用路径	初始模型				修正模型				检验结果
	系数	S.E.	C.R.	P	系数	S.E.	C.R.	P	
H3a：管理素质→市场责任	0.735	0.088	1.798	**	0.753	0.084	0.624	**	支持
H3b：管理素质→用工责任	0.842	0.129	6.753	***	0.877	0.143	7.122	***	支持
H3c：管理素质→环境责任	0.881	0.136	7.131	***	0.853	0.167	7.325	***	支持
H3d：管理素质→公益责任	0.796	0.143	6.956	***	0.844	0.136	7.375	***	支持
H4a：管理知识→责任制度	0.443	0.146	3.078	**	0.454	0.146	3.075	**	支持
H4b：管理知识→责任制度实施	0.443	0.145	3.077	**	0.432	0.124	3.095	**	支持
H5a：管理技能→责任制度	0.148	0.154	1.502	0.132					不支持
H5b：管理技能→责任制度实施	0.359	0.157	1.843	**	0.365	0.133	0.765	**	支持
H6a：管理素质→责任制度	0.345	0.144	0.646	*	0.354	0.126	0.925	*	支持
H6b：管理素质→责任制度实施	0.391	0.105	0.738	*	0.357	0.083	0.654	***	支持
H7a：责任制度→市场责任	0.215	0.095	2.096	*	0.214	0.086	2.157	**	支持
H7b：责任制度→用工责任	0.776	0.099	2.462	*	0.722	0.096	2.662	**	支持
H7c：责任制度→环境责任	0.784	0.178	1.297	*	0.704	0.074	0.765	**	支持
H7d：责任制度→公益责任	-0.067	0.097	1.315	0.187					不支持
H8a：责任制度实施→市场责任	0.807	0.094	2.093	*	0.801	0.084	2.155	**	支持
H8b：责任制度实施→用工责任	0.876	0.097	2.461	*	0.823	0.095	2.662	**	支持
H8c：责任制度实施→环境责任	0.703	0.179	1.298	*	0.714	0.072	0.766	**	支持
H8d：责任制度实施→公益责任	0.695	0.107	0.736	**	0.692	0.074	0.655	**	支持

注：*表示 P<0.05，**表示 P<0.01，***表示 P<0.001，下同。

通过以上比较分析，最终解释模型即为修正后的模型，该模型各变量间路径关系及其系数如图 5-2 所示。

三 中介效应分析

所谓中介变量，是指如果自变量 X 对因变量 Y 的作用是通过变量 M 来实现的，那么，M 则被称为中介变量。如图 5-3 所示，（a）图表示自变量 X 与因变量 Y 之间不存在中介变量的情况，（b）图及

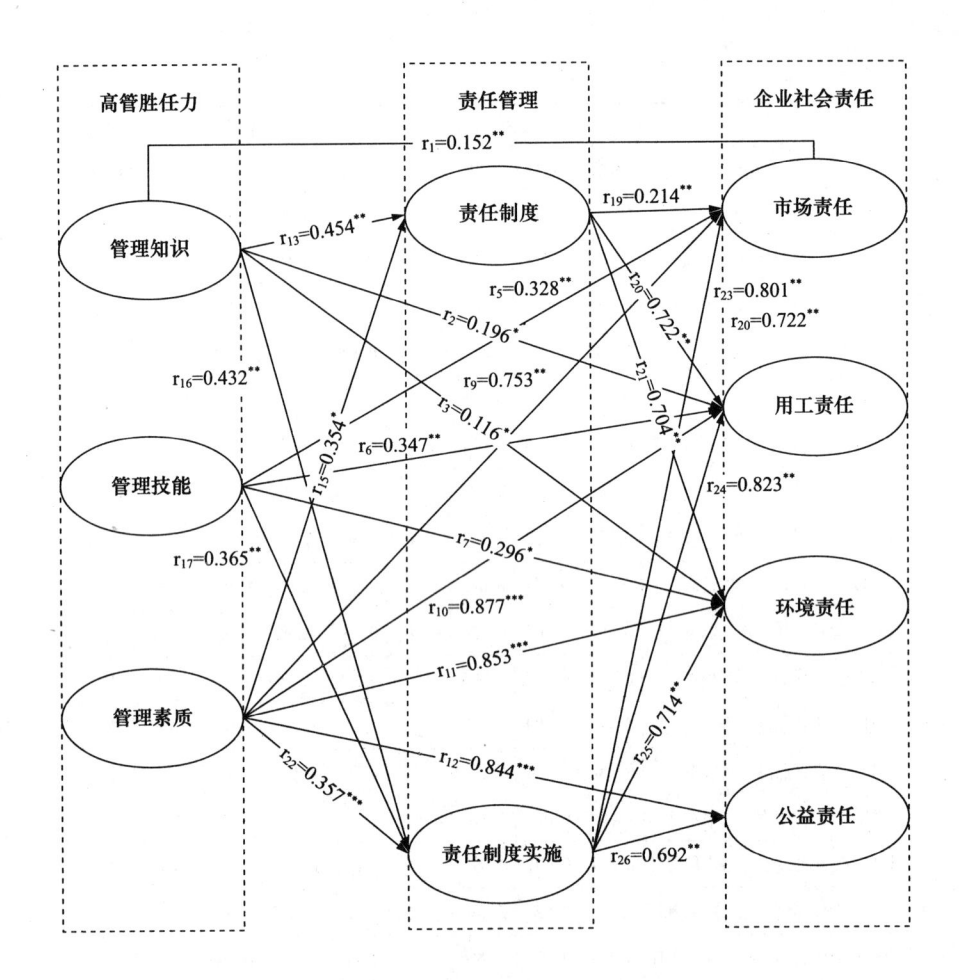

图 5-2 最终模型路径关系

（c）图分别表示存在一个中介变量及两个中介变量的情况。而中介变量所起的作用就称为中介效应，也就是说，如果一个模型中存在中介变量时，该模型就有中介效应存在。一般来说，中介效应可以分为完全中介效应（Judd and Kenny, 1981）与部分中介效应（Baron and Kenny, 1986），后者通常被简称为中介效应。

这里，需要强调的是，在结构方程分析中还存在直接效应与间接效应的概念。但间接效应与中介效应的区别在于：即使自变量与因变量的相关系数为零，两者仍然可能存在间接效应，而中介效应产生的前提是自变量与因变量相关显著。也就是说，中介效应只是对在特定中介变量的基础上而言的，对于研究模型中变量的影响机理会更有针对性。而间接效应是指通过一个或多个中介变量，自变量对结果产生的影响。对于递归模型而言，间接效应是指通过一个或多个中介变量，一切从自变量开始，并结束于因变量的"箭头链"影响效应总和；对于非递归模型，则更为复杂。同时，间接效应中还有可能产生"未分解效应"以及"虚假效应"。

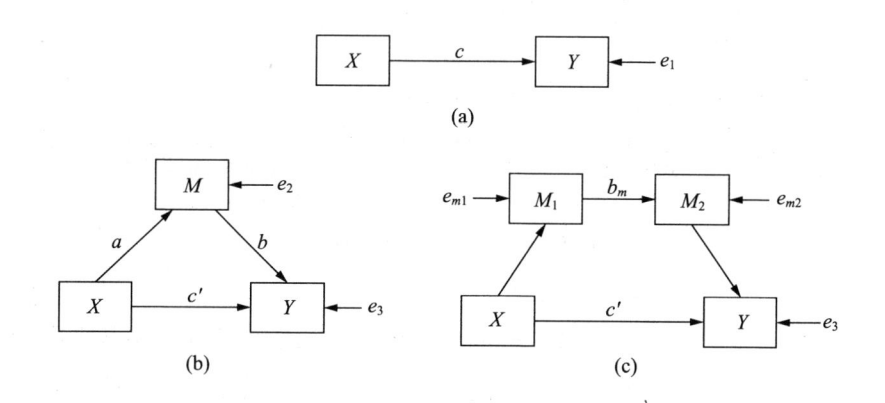

图 5-3 中介效应

温忠麟等（2004）总结了三种可以分析模型中介效应的方法，并提出了一个科学的分析步骤，即包含依次检验与 Sobel 检验的中介效应分析（见图 5-4）。

以下是中介效应检验程序的具体描述：

第一步，检验回归系数 c ［见图 5-3（a）］，如果 c 不显著，表示自变量 X 与因变量 Y 之间不存在显著相关关系，可以停止对中介效应的分析；如果 c 显著，则转入第二步。

第二步，进行部分中介效应检验（Baron and Kenny），即分别对系数 a 与系数 b 进行检验，如果两者都显著，则转入第三步；否则转入第四步。

第三步，进行完全中介效应检验（Judd and Kenny），即在控制

中介变量 M 的基础上，检验系数 c'，若其不显著，则表明存在完全中介效应；否则存在（部分）中介效应。

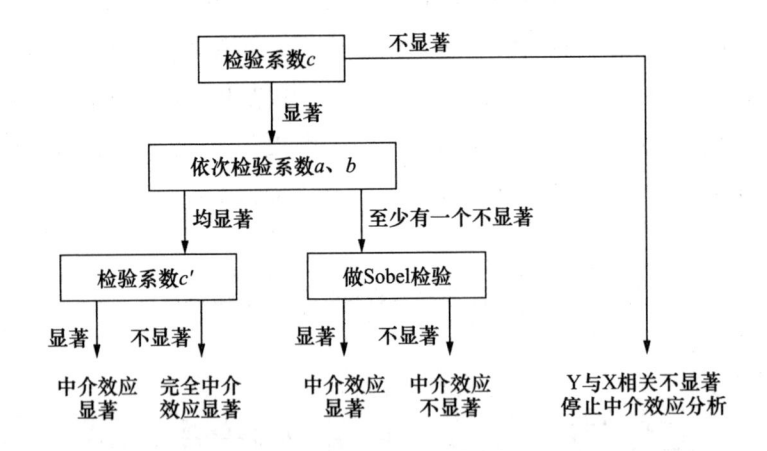

图 5-4 中介效益检验程序

第四步，进行索贝尔（Sobel）检验，即如果系数 a 与系数 b 中任何一个都不显著时，就需要做索贝尔检验。索贝尔根据一阶泰勒开展式得到近似公式 $S_{ab}=\sqrt{\hat{a}^2S_b^2+\hat{b}^2S_a^2}$，其中，$S_a$、$S_b$ 分别是 $\hat{a}$、$\hat{b}$ 的标准误，检验统计量是 $z=\hat{a}\hat{b}/S_{ab}$，如果显著[①]，则存在显著的中介效应；反之，则不存在显著的中介效应。

第五步，检验结束。在以上的检验过程中，如果出现系数 a 与系数 b 中至少有一个存在不显著的情况，为了在统计上防止出现"第二类错误"，例如，当 a 很小时，即不显著；而当 b 很大时，即显著，a 和 b 很有可能存在显著的中介效应，这需要进行索贝尔检验，其目的是避免发生这种情况。此外，还需要注意：当只有一个中介变量的情况下，上述中介效应的分析步骤才是适用的。也就是说，如果存在两个以上的中介变量 [见图 5-3（c）]，就不再适用

---

① 在麦金农等的临界值表中，显著水平 0.05 对应的临界值是 0.97，$z>0.97$ 则显著。

以上描述的 Sobel 检验。

依据上述方法,该模型的中介效应检验如下:

第一,检验回归系数 c 得到:高管胜任力对社会责任的标准化系数 $c=0.93$（$P=0.02$）,表明高管胜任力对社会责任的影响是显著的,可以进行进一步的检验。

第二,做部分中介检验,即检验系数 a 与系数 b,分别得到:高管胜任力对责任管理的标准化系数 $a=0.38$（$P=0.02$）,即两者关系显著。同时,责任管理对社会责任的标准化系数 $b=0.68$（$P=0.01$）,即责任管理与社会责任的履行之间关系显著。

第三,做完全中介检验,即在控制中介变量 M 后,检验系数 c',可得高管胜任力对社会责任的标准化系数 $c'=0.27$（$P=0.01$）,即高管胜任力与企业社会责任履行之间的关系显著。

因此,可以看出责任管理在高管胜任力与社会责任间可能起到部分中介作用。Sobel 检验如下:

$a=0.38$;

$S_a=0.0337$;

$b=0.68$;

$S_b=0.0602$;

$$Z=\frac{\hat{a}\hat{b}}{\sqrt{\hat{a}^2 s_b^2+\hat{b}^2 s_a^2}}=8.01734423283$$

由麦金农临界表可知,Z 值大于 0.97（$P<0.05$）,可以认为该部分中介效应显著。

四 调节效应分析

本书将企业所属行业、企业性质以及企业规模作为调节变量进行分析（见表5-7）,由于 P 列显著,可得出结论:本书调节效应显著。但是,由于问卷数量有限,调节变量的具体效应无法进一步验证。

表 5-7　　　　　　　　　调节效应检验

调节变量	χ^2	df	P	NFI	IFI	RFI	TLI
所属行业	37.5811	15	0.0016	0.0207	0.0213	-0.0175	-0.0185
企业性质	11.9868	7	0.1515	0.0068	0.0070	-0.0492	-0.0506
企业规模	37.5721	17	0.0019	0.0204	0.0212	-0.0129	-0.0138

第四节　结果汇总与分析

以上结构方程模型分析与假设检验的结果证明：27条假设中，23条与原理论假设相符，即得到了检验支持，而其他4条假设未能通过假设检验，具体如表5-8所示。

表 5-8　　　　　　　　　假设检验结果汇总

研究假设	检验结果
H1a：管理知识与市场责任的履行正相关	支持
H1b：管理知识与用工责任的履行正相关	支持
H1c：管理知识与环境责任的履行正相关	支持
H1d：管理知识与公益责任的履行正相关	不支持
H2a：管理技能与市场责任的履行正相关	支持
H2b：管理技能与用工责任的履行正相关	支持
H2c：管理技能与环境责任的履行正相关	支持
H2d：管理技能与公益责任的履行正相关	不支持
H3a：管理素质与市场责任的履行正相关	支持
H3b：管理素质与用工责任的履行正相关	支持
H3c：管理素质与环境责任的履行正相关	支持
H3d：管理素质与公益责任的履行正相关	支持
H4a：管理知识与责任制度的完善正相关	支持
H4b：管理知识与责任制度实施的程度正相关	支持
H5a：管理技能与责任制度的完善正相关	不支持
H5b：管理技能与责任制度实施的程度正相关	支持
H6a：管理素质与责任制度的完善正相关	支持

续表

研究假设	检验结果
H6b：管理素质与责任制度实施的程度正相关	支持
H7a：责任制度与市场责任的履行正相关	支持
H7b：责任制度与用工责任的履行正相关	支持
H7c：责任制度与环境责任的履行正相关	支持
H7d：责任制度与公益责任的履行正相关	不支持
H8a：责任制度实施与市场责任的履行正相关	支持
H8b：责任制度实施与用工责任的履行正相关	支持
H8c：责任制度实施与环境责任的履行正相关	支持
H8d：责任制度实施与公益责任的履行正相关	支持
H9：责任管理在高管胜任力与企业社会责任的履行之间具有中介作用	支持

对通过验证的假设，本书在第三章已经做了详尽的描述，以下将对未通过检验的假设做出探索性的解释。

首先，管理知识和企业公益责任正相关，此假设未通过检验。可能是因为高管的管理知识虽然在企业责任管理制度设计中发挥着重要作用，能够为企业责任管理制度的制定提供重要支撑，但是，对于公益责任发挥重要作用的思想层面的管理知识，不同的企业高管存在差异。同时，这部分知识是否能够被充分共享与利用，也成为其发挥的制约因素，特别是当企业面临危机或者困境时，履行公益责任就会变得更加困难。

其次，对于管理技能与公益责任的履行正相关，此假设未通过检验。结合目前企业现状，分析原因如下：企业高管的管理技能，包括战略决策能力、协调控制能力、激励指挥能力、开拓创新能力、团队合作能力以及国际化视野等，虽然这些技能在处理企业内外部问题时，起着举足轻重的作用，但是由于企业公益责任更需要企业的高管及全体员工具有正确的价值观倾向以及乐于付出的精神，所以，单纯依靠高管的技能保证公益责任的履行，力量还稍显单薄。这也更加体现了高管素质对公益责任的重要性。

再次，对于管理技能与责任制度的完善正相关，假设未能通过检验。原因可能如下：战略决策能力、协调控制能力、激励指挥能力、开拓创新能力、团队合作能力以及国际化视野等一系列高管的管理技能在保证整个企业的运作中发挥着不可替代的作用，但是责任制度的制定与完善，更需要高管知识背景和能够对整个企业产生影响的个人素质。

最后，对于责任制度与公益责任的履行正相关，假设未通过检验。具体原因如下：

其一，虽然企业的责任管理制度，包括发展规划、指标体系、领导机构、企业文化配合等对企业的社会责任履行发挥着非常重要的指导作用，但凡是制度，都需要认真贯彻和执行，才能发挥应有的作用。

其二，随着我国相应制度的不断完善和企业认识的不断提升，履行责任已经成为企业生存和发展不可或缺的部分，但依然缺乏完善的考核措施和监管体系来保障公益责任的履行，从而导致企业的责任管理制度和公益责任相关性不足。可见，企业的责任管理制度要发挥更大的作用，还需要责任管理实施的不断配合。

第五节　案例剖析

一　中国国家电网公司[①]

（一）公司简介

成立于 2002 年 12 月 29 日的国家电网公司，是经国务院同意进行国家授权投资的机构和国家控股公司的试点单位。公司承担着电力供应的基本使命，员工超过 158 万人。全国 26 个省（自治区、

---

① 参考《国家电网公司 2011 年社会责任报告》。

直辖市）被公司经营区域所覆盖，占国土面积的88%，全国超过10亿人享用着公司供电。作为世界最大的电力公共事业公司、国有骨干企业，公司的核心业务为投资建设运营电网，提供坚强的电力保障，为经济社会的发展提供重要支撑。

国家电网公司是中国最大的电力企业，是全球最大的公用事业企业。2011年《财富》世界企业500强排名中，公司名列第7位。由中国社会科学院经济学部企业社会责任研究中心课题组发布的《中国100强企业社会责任发展指数（2009）》和《中国100强企业社会责任发展指数（2010）》[①]，国家电网公司分别以第二名和第三名的成绩位居领先者行列。

（二）国家电网高管胜任力分析

公司实行总经理负责制，总经理是公司的法定代表人。早在2006年，国家电网就曾在全球招募高层管理者，为了准确找到能力胜任、企业文化和价值观适合的高级管理人员，招聘测评之前，公司专门为此次设计了招聘职位岗位胜任力模型建立标杆的解决方案，以国家电网内部在职诊断为起点，应用企业人才测评理论及已经确立的行业胜任模型，研究国家电网的在职高绩效企业人才素质模式，通过笔试、面谈的形式采集高质量信息，并以采集的测评数据为依据，建立高绩效标杆用来作为招聘选拔国家电网全球高管的招聘标准。

2006年，国家电网总公司高管岗位胜任力模型标杆建立第一阶段工作正式启动，此项目分为两个阶段：

第一阶段对在职的31个绩优正处级高管进行笔试测评，实施主要内容有：一般能力倾向、性格测试、工作价值观、工作环境适

---

① 2009年中国社会科学院经济学部企业社会责任研究中心根据经典社会责任理论和国际典型评价方法，结合中国实际，首次发布了《中国100强企业社会责任发展指数（2009）》，报告详细评价了中国企业年度的社会责任管理现状和责任信息披露水平，辨析中国企业社会责任发展进程的阶段性特征，为中国企业社会责任的深入研究提供基准性参考。2010年，该中心继续对国有企业100强、民营企业100强和外资企业100强的社会责任发展水平进行了评价，研究中国企业社会责任的发展特征。

应、深层职业兴趣倾向、专业化管理能力测验等。

第二阶段为15名副局级及以上绩优高管的面试深度访谈，收集在职高管人员素质信息。项目通过全面测量国家电网总部在职绩优高管，定量、定性评价高层管理人员的能力素质现状，结合笔试、面谈结果最终建立岗位胜任模型、招聘标杆模型，为全球招聘高管做好测评标准的准备工作。1000余人竞争6个高管职位，最终，140名"老总"进京赶考，其中，13位仍在美国、英国、加拿大、日本等地供职的"老总"也赶到了考场。

（三）国家电网公司社会责任管理

1. 完善责任管理制度体系

公司积极完善全面社会责任管理体系，明确将"责任始于战略，成于管理"作为企业社会责任管理的重要指标，促进"一强三优"现代公司可持续发展战略的建设，积极探索建立社会管理的推进机构，从而建立完善的全面社会责任管理体系（见图5-5）。同时，公司推行以"责任根植"为理念的全面社会责任管理体制，并以天津市、无锡市及浙江嘉善县供电局为试点单位，相继启动了全面社会责任管理试点，提出了合作共赢心连心、点亮品质生活、和谐共成长的责任根植宣言，提炼了全面社会责任管理"全过程覆盖、全方位融合、全员参与"的目标管理模式，进行不断探索与发展，为企业社会责任履行提供了制度与管理保障。

2. 有效的责任管理制度实施

首先，加强责任管理沟通。公司积极倡导全面责任管理这一社会责任管理的最新理念，促进企业战略的稳健转变，即实现优化"两个转变"战略，并以积极的态度与利益相关者沟通，不断完善公司行为准则和发展原则，从而实现社会责任理念在公司管理中的"全过程覆盖、全方位融合、全员参与"（见图5-6）。

其次，履行责任管理推进。基于全面责任管理理论，公司将企业社会责任管理纳入公司的整理治理结构之中，实行高管负责制的管理机制，提出企业社会责任推进机制的"3I"规划（见图5-7），

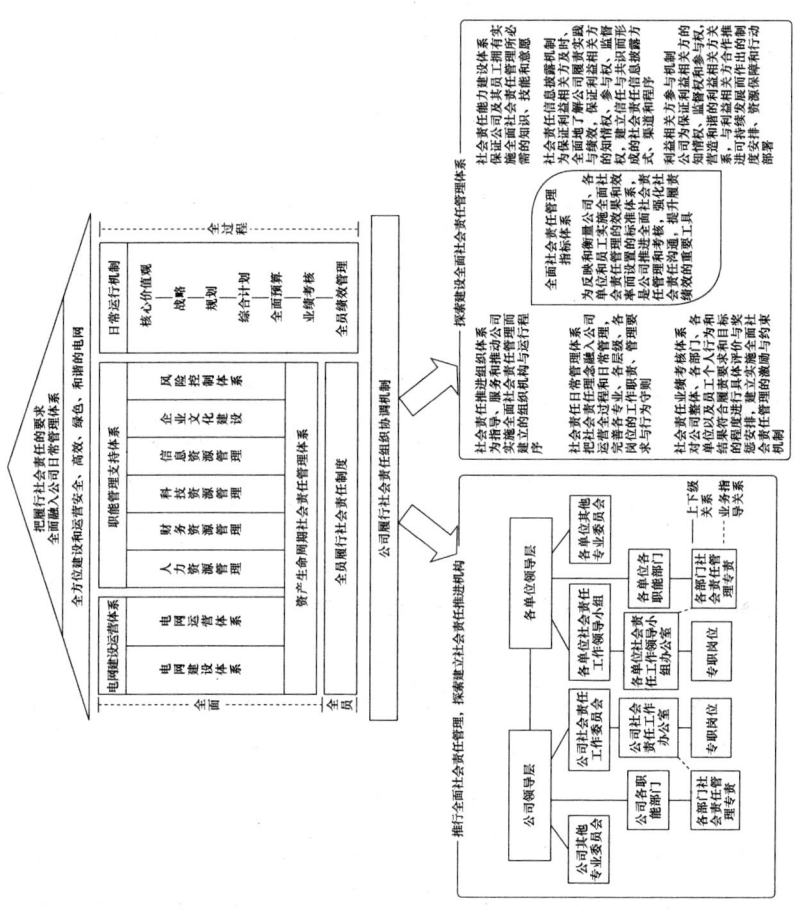

图 5-5 国家电网公司的全面社会责任管理体系

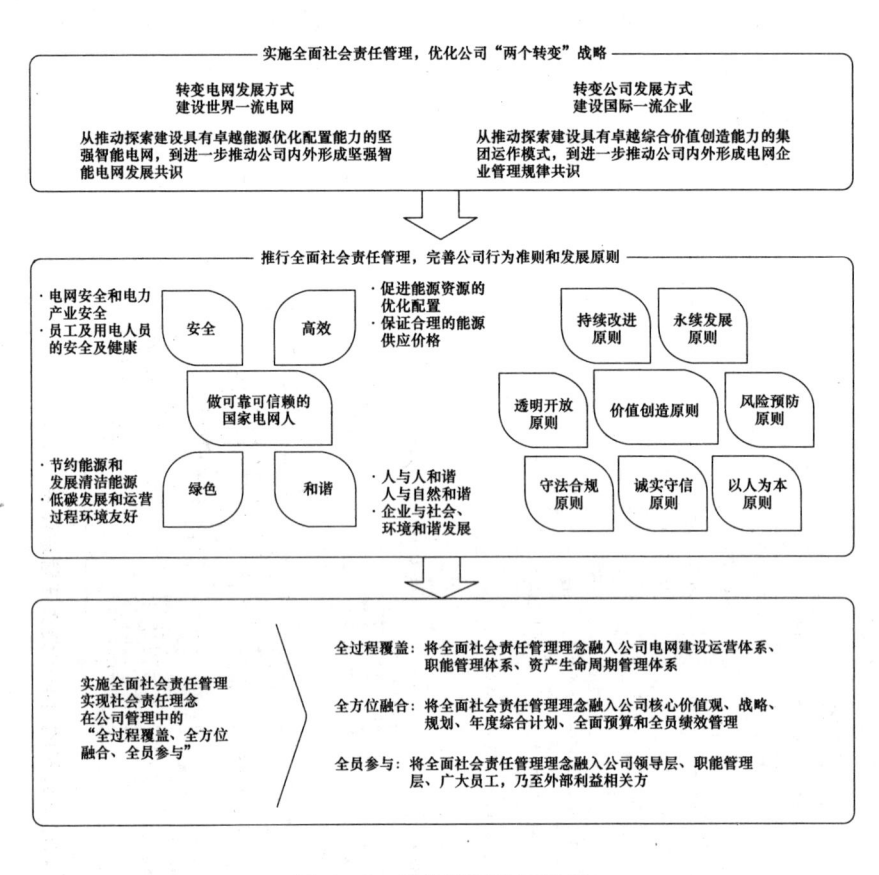

```
┌─────────────────────────────────────────────────────────────┐
│         实施全面社会责任管理，优化公司"两个转变"战略         │
│   转变电网发展方式              转变公司发展方式             │
│   建设世界一流电网              建设国际一流企业             │
│   从推动探索建设具有卓越能     从推动探索建设具有卓越综合    │
│   源优化配置能力的坚强智能     价值创造能力的集团运作模式，  │
│   电网，到进一步推动公司内     到进一步推动公司内外形成电    │
│   外形成坚强智能电网发展共     网企业管理规律共识            │
│   识                                                         │
└─────────────────────────────────────────────────────────────┘
                              ↓
┌─────────────────────────────────────────────────────────────┐
│         推行全面社会责任管理，完善公司行为准则和发展原则     │
│                                                              │
│  ·电网安全和电力      ·促进能源资源的                        │
│   产业安全   ┌安全┐ ┌高效┐ 优化配置    ┌持续改进┐┌永续发展┐ │
│  ·员工及用电人员              ·保证合理的能源  原则    原则  │
│   的安全及健康                 供应价格                      │
│                  ┌做可靠可信赖的┐    ┌透明开放┐┌价值创造┐┌风险预防┐
│                  │  国家电网人  │     原则    原则    原则  │
│                  └──────────────┘                            │
│  ·节约能源和                                                 │
│   发展清洁能源 ┌绿色┐┌和谐┐·人与人和谐  ┌守法合规┐┌诚实守信┐┌以人为本┐
│  ·低碳发展和运营              ·人与自然和谐  原则    原则    原则  │
│   过程环境友好                ·企业与社会、                  │
│                                环境和谐发展                  │
└─────────────────────────────────────────────────────────────┘
                              ↓
┌─────────────────────────────────────────────────────────────┐
│ 实施全面社会责任管理    全过程覆盖：将全面社会责任管理理念融 │
│ 实现社会责任理念        入公司电网建设运营体系、职能管理体   │
│ 在公司管理中的          系、资产生命周期管理体系             │
│ "全过程覆盖、全方位     全方位融合：将全面社会责任管理理念融 │
│  融合、全员参与"        入公司核心价值观、战略、规划、年度综 │
│                         合计划、全面预算和全员绩效管理       │
│                         全员参与：将全面社会责任管理理念融入 │
│                         公司领导层、职能管理层、广大员工，乃 │
│                         至外部利益相关方                     │
└─────────────────────────────────────────────────────────────┘
```

图 5-6 责任管理沟通机制

努力实现社会责任理念在公司管理中的"全过程覆盖、全方位融合、全员参与"，从根本上促进了企业社会责任的履行。

最后，优化责任管理反馈（见图 5-8）。在完善责任体系、加强责任沟通、履行责任推进等全面社会责任管理措施的基础上，公司还积极优化企业社会责任管理反馈机制，积极倡导并丰富"诚信、责任、创新、奉献"的公司文化。此外，公司定期考核并公布企业社会责任业绩，用以衡量企业整体、内部组织和员工个人有效管理企业运营对利益相关方和自然环境的影响的行为和结果，验证公司履行社会责任的职责和目标的程度。

第五章 实证分析与假设检验 / 145

```
                    推行全面社会责任管理，优化公司治理机制
┌─────────────────────────────────────────────────────────────────┐
│  贯彻《国有企业财产监督管理     在公司各层级建立职工代表大会      保证运营透明度        │
│  条例》接受国务院派驻监事        推行员工民主管理和监督            接受政府监督和社会监督 │
│  会的监督                                                                          │
│                                                                                   │
│  公司对所属或管理的单位履        公司实行总经理负责制              成立多个领导小组和专业委员会 │
│  行出资人职责，委派或任免   ——   重大决策由公司领导集体研究决定  —— 建立科学决策、民主决策和依法 │
│  董事、监事和管理层                                                 决策机制        │
└─────────────────────────────────────────────────────────────────┘
```

规划阶段	任务目标	核心行动
研发阶段 (Introduction) 2006—2010年	·建立社会责任报告发布机制 ·开展总部、省、地市和县级供电企业四级全面社会责任管理试点 ·研发全面社会责任管理一般模式	·2006年3月，发布我国首份社会责任报告 ·2007年12月，发布《国家电网公司履行社会责任指南》，首次提出"企业全面社会责任"管理模式 ·2008年4月起，先后在天津市电力公司、江苏无锡供电公司和浙江嘉善县供电局启动了网盘、地市和县供电企业全面社会责任管理试点 ·2009年，开展国家科技支撑计划和国家软科学研究项目"企业全面社会责任管理模式"研究 ·2010年4月19日，发布我国首个绿色发展白皮书
倡议阶段 (Initiative) 2011—2015年	·在核心专业导入全面社会责任管理 ·在省、地市、县供电企业广泛开展全面社会责任管理 ·总结电网企业全面社会责任管理通用模式	·2011年6月，公司发布《未来企业的管理：全面社会责任管理》金蜜蜂2020倡议 ·2011年7月，部署各省公司至少选择一个地市公司开展全面社会责任管理试点，要求各省公司建立年度社会责任实践报告发布机制 ·2012年1月12日，发布我国首个企业价值白皮书 ·召开全面社会责任试点试验现场交流会，总结推广电网企业全面社会责任管理模式 ·开展全面社会责任管理全员培训，推动公司转变发展方式
融合阶段 (Integration) 2016—2020年	·实现社会责任在公司各层级、各专业、各岗位的全过程覆盖、全方位融合、全员参与 ·开发新一代社会企业管理模式 ·合作推广全面社会责任管理模式	·健全完善公司全面社会责任管理体系 ·部署在各专业、各层级广泛实施全面社会责任管理 ·联合国内外机构发布新一代管理模式：企业全面社会责任管理 ·建立较为完善的公司透明运营制度和机制 ·参与国内外企业全面社会责任管理标准制定

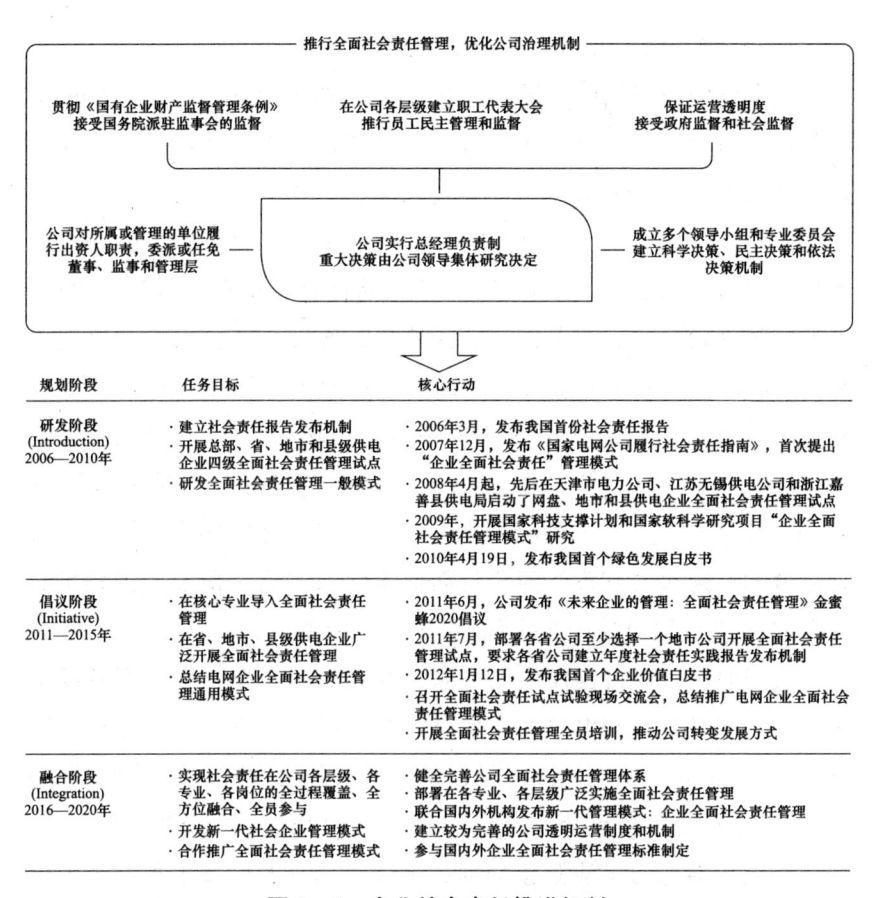

图 5-7 企业社会责任推进机制

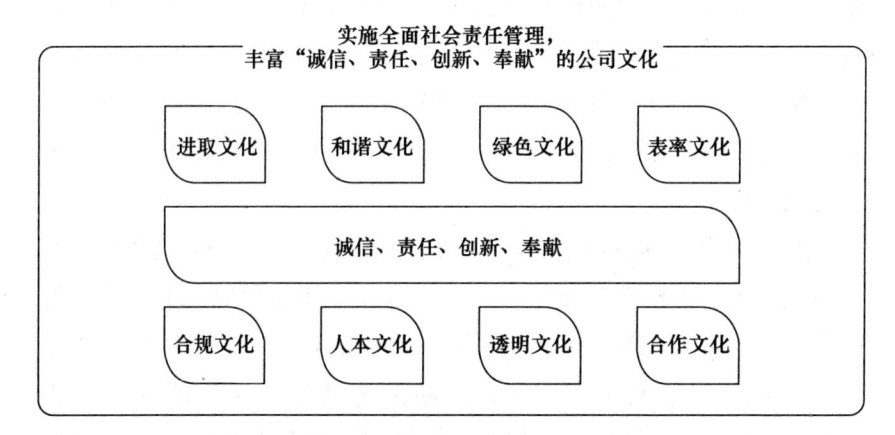

```
┌─────────────────────────────────────────────────────────┐
│          实施全面社会责任管理，                            │
│     丰富"诚信、责任、创新、奉献"的公司文化               │
│                                                         │
│  ┌────────┐  ┌────────┐  ┌────────┐  ┌────────┐       │
│  │ 进取文化 │  │ 和谐文化 │  │ 绿色文化 │  │ 表率文化 │       │
│  └────────┘  └────────┘  └────────┘  └────────┘       │
│                                                         │
│  ┌───────────────────────────────────────────────┐     │
│  │         诚信、责任、创新、奉献                   │     │
│  └───────────────────────────────────────────────┘     │
│                                                         │
│  ┌────────┐  ┌────────┐  ┌────────┐  ┌────────┐       │
│  │ 合规文化 │  │ 人本文化 │  │ 透明文化 │  │ 合作文化 │       │
│  └────────┘  └────────┘  └────────┘  └────────┘       │
└─────────────────────────────────────────────────────────┘
```

图 5-8 责任管理反馈机制

（四）国家电网公司社会责任的履行

国家电网公司积极倡导"内化于心、外成于行，建设一个负责任的可靠可信赖的国家电网公司"以及"以对人、环境、全球社会负责任的方式开展公司运营"。

首先，市场责任。公司提出"保障可靠可信赖的能源供应"的目标，通过"打造能源配置平台"；"跨区优化能源配置"；"服务能源基地建设"等，服务国家能源战略；通过"防范大面积停电事故""完成重大保电任务"；"全面提升应急能力"；保障可靠供电；通过"优化电网发展规划"；"发挥电力市场功能"；"挖掘现有电网潜力"；提升电网资源配置能力；通过"建设'三集五大'体系"；"统筹金融产业和综合产业"，"加快信息化建设"，保证一流运营效率；通过"建设一流科技创新体系"，"自主研发关键技术装备"，"推动科研成果产业化"，引领自主创新。

公司对用户履行责任供电可靠性和电压合格率，供电服务满意度，应对局部地区缺电局面，用户受电工程"三不指定"等优质服务。如2011年夏季用电高峰期，国家电网公司所属4个区域电网和20个省级电网负荷创历史新高，最大电力缺口接近3000万千瓦。公司积极应对电力供应紧张局面：加强监测，及时发出预警。配合政府细化有序用电方案，做到"定用户、定负荷、定线路"，最大限度地保证居民生活用电和社会用户合理用电；认真落实有序用电方案，保证供电透明度，及时向主管部门和社会通报电力供需情况；坚持"缺电不缺服务"；配合国家电价调整，落实新的电价政策；公司公开承诺，最大限度地方便客户用电，并在城市打造"10分钟交费圈"。

对"三农"继续推进无电地区电力建设，四川藏区电网建设，供电质量和服务标准等服务"三农"责任。如随着地方供电企业划转和公司供电区域的扩大，出现了新的无电人口。公司规划在"十二五"期间，按照国家安排，实施无电地区电力建设工程，为207.5万无电人口解决用电问题；统筹安排"机井通电"和农林场电网改造项目，有效地改善了粮食主产区农田机井供电条件，新增机井通电5.75万眼，受益农田412.14万亩。

对伙伴履行合作共赢，反商业贿赂和合规管理，探索推进责任采购，核心装备技术国产化等责任。公司大力弘扬"干事、干净"的廉洁理念，反对一切不正当竞争和商业贿赂行为，在与发电企业、设计施工企业、供应商、科研院所、金融机构等伙伴交往的过程中，做到诚实守信、公正透明，努力与伙伴构建和维持正当合法而又富有成效的关系。加强管理合同订立程序，并与工程项目、财务、物资、科技、电力交易及基建等工作紧密结合，严把"入口"关，确保合同法律审核率为100%。加大合同履行管理力度，规范合同变更、转让、终止等行为，初步建立合同履行的跟踪、监督和情况反馈机制。公司合同履约率为100%；初步建立招投标法律保障制度体系，加强对招投标活动全过程的合法合规性保障。每年统一立项，组织开展工程管理、废旧物资处理、电费抄核收、清仓利库等重点环节的效能监察，取得显著的综合效益；通过加强对供应商的资质审核和健康、安全、环保等社会和环境绩效评估，带动上下游伙伴决策考虑对社会和环境的影响。

综上所述，国家电网公司市场责任的履行可以大致用图5-9来描述。

其次，用工责任。公司提出履行员工发展责任，"尊重人权，维护员工合法权益"；"以人为本，保证员工健康与安全"；促进"员工培训和员工发展"；维护"员工民主管理和监督"等用工责任。

具体来讲，公司坚持全心全意依靠员工办企业的理念，落实《中华人民共和国劳动合同法》等法律法规，维护员工合法权益，依法与员工签订劳动合同，劳动合同覆盖率为100%；确保体面劳动，为员工提供符合国情和公司实际的待遇与福利；以岗定薪，按劳分配，实行男女同工同酬；注重员工工作与生活的平衡，建立合理的带薪休假制度；为员工交纳养老、医疗、失业等各项社会保险，社会保险覆盖率为100%；坚持公平雇用，杜绝性别、年龄、

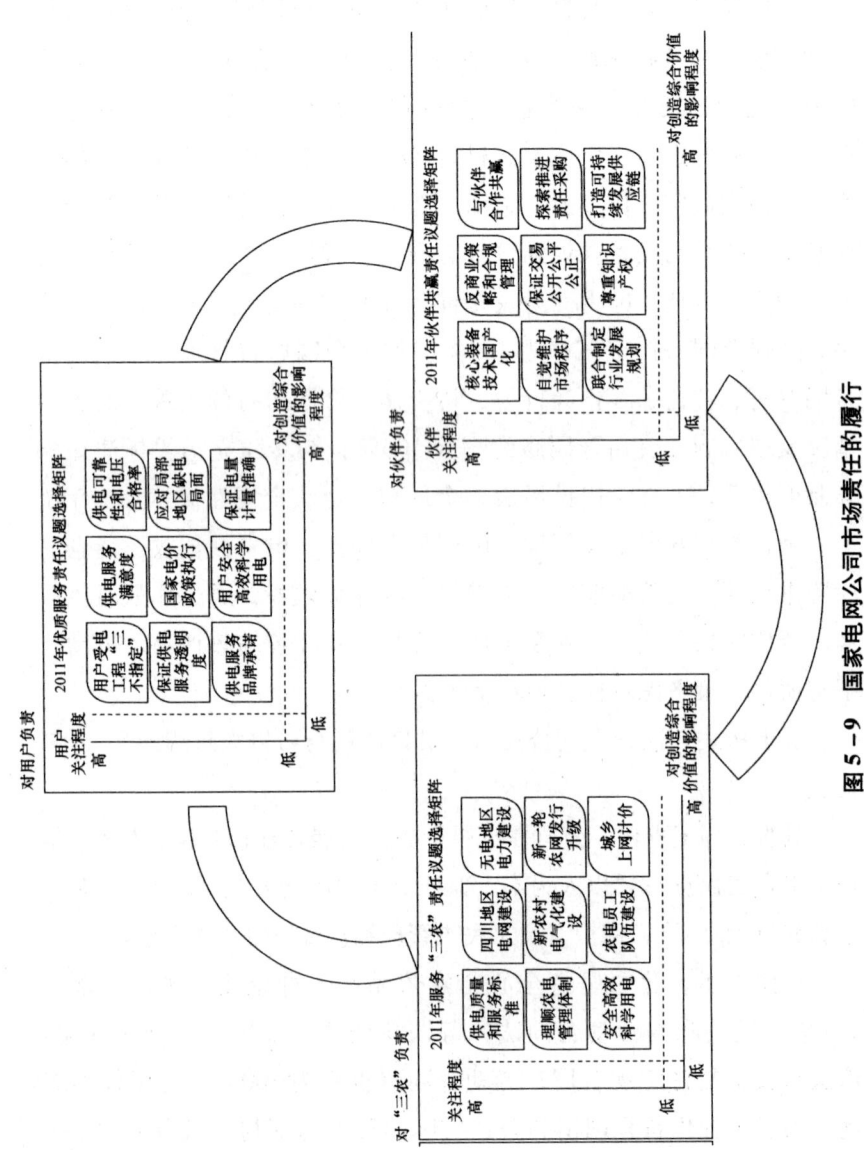

图 5-9 国家电网公司市场责任的履行

疾病、种族、宗教信仰等方面的歧视,在公司领导层中,女性比例为9.1%;杜绝强迫劳动,2011年,公司员工离职率低于1‰;员工参加工会比例100%,工会组织数量1236个,各级工会组织把实现好、维护好、发展好员工的根本利益和合法权益作为各项工作的出发点和落脚点;建立完善安全与健康管理体系;开展作业安全健康风险分析,加大安全健康投入,保证安全的作业环境和作业条件;健全职业病防治制度,有效预防职业病;实施"平安工程",开展安全培训,建立员工健康档案和定期体检制度,员工体检及健康档案覆盖率100%;关注员工心理健康,提供精神关爱和心理健康咨询服务;开通国家电网精神家园网站,共建员工精神家园。同时,公司积极开展员工满意度调查,多次调查中,公司各单位员工满意、较满意比例普遍在90%以上。

综上所述,国家电网公司用工责任的履行大致可以用图 5-10 来描述。

对员工负责

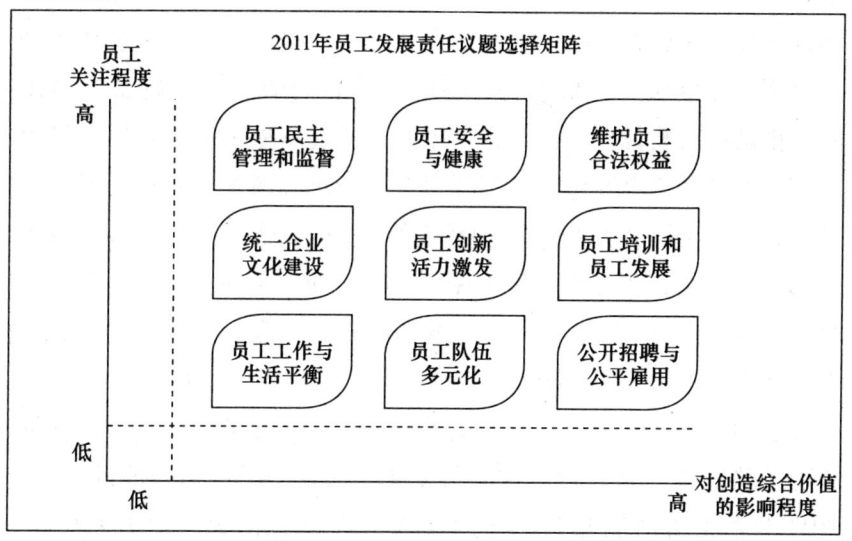

```
       员工
      关注程度      2011年员工发展责任议题选择矩阵
       高
              ┌──────────┬──────────┬──────────┐
              │ 员工民主  │ 员工安全  │ 维护员工  │
              │ 管理和监督│ 与健康   │ 合法权益  │
              ├──────────┼──────────┼──────────┤
              │ 统一企业  │ 员工创新  │ 员工培训和│
              │ 文化建设  │ 活力激发  │ 员工发展  │
              ├──────────┼──────────┼──────────┤
              │ 员工工作与│ 员工队伍  │ 公开招聘与│
              │ 生活平衡  │ 多元化   │ 公平雇用  │
              └──────────┴──────────┴──────────┘
       低                                       对创造综合价值
              低                         高      的影响程度
```

图 5-10　国家电网公司用工责任的履行

再次，环境责任。公司积极倡导"履行环保低碳责任，最大限度创造经济、社会和环境综合价值：多一份绿色！"努力作绿色发展的表率。

公司提出"保障可再生能源发电并网"，"全面支持风电发展"，"推动研究可再生能源技术和政策"，"全额消纳并网可再生能源"等来推动能源低碳发展。如2011年12月25日，在河北省张北县建成投产世界上规模最大，集光伏发电、风电、储能、智能输电于一体的新能源综合利用平台，即国家风光储输示范工程。此外，公司提出，"开展发电权交易"，"加强电网节能降损""提高电力在终端能源消费的比例"，"节水增发电量促进节能"来促进全面节能；提出，"推动电动汽车产业"，"实施电力需求侧管理"，"推广新设备、新技术、新工艺建设"，"资源节约型、环境友好型电网"，"最大限度减少电网建设和公司运营对环境的影响"来坚持发展资源节约和环境友好；提出"促进绿色产业链建设"，"倡导绿色办公、绿色生活、绿色出行"，"广泛传播绿色发展理念"来弘扬生态文明，推行绿色采购、电力生产链、电力消费链、电力装备链，优先采购高效能和环保标志产品，推动电力装备业，提高节能环保水平和国产化率，提供研发经费支持，与电力装备制造商共同研发关键设备，推动电力装备核心技术自主创新；通过举办节能成效展、组织讲座、召开交流会等形式，利用报纸、杂志、网站、展示厅等媒介和平台，向全社会大力宣传节能减排，并积极推动"我为节能减排作贡献"活动，倡导广大员工绿色出行、绿色生活；扎实推进绿色办公，规范办公废弃物的分类收集、标识、储存与处置；支持员工开展环保志愿服务，积极参与重大环保公益项目。

公司提出"实现自身节能减排"，"带动产业节能减排"，"促进社会节能减排"来应对全球气候变化。如提升消纳清洁能源能力，2011年消纳清洁能源5383亿千瓦时，节约标准煤17763.9万吨，减排二氧化碳44285.4万吨；推动降低机组发电煤耗，推动高能效机组发展和提高用电负荷率，2011年单位供电煤耗为330克/千瓦时，比 2010 年减少了 3 克/千瓦时；推广电动汽车，实现能源替代，减少二氧化碳排放；推动发电权交易，2011 年节约标准煤 13196 万吨，减排二氧化碳 32897 万吨；实施电力需求侧管理项目，推动节约电量，减少二氧化碳排放；通过资源回收再利用实现节能减排，2011 年回收六氟化硫 36.93 吨，相当于减排二氧化碳 88.25 万吨；通过资源节约实现节能减排，2011 年公司"两型三新"线路典型设计减少钢材消耗约 8.2 万吨，相当于节约标准煤 4.9 万吨，减排二氧化碳 180.4 万吨；优化电网调度提高水能利用率，2011 年节水增发电量折合标准煤 498.4 万吨，减排二氧化碳 1242.5 万吨。

综上所述，国家电网公司环境责任的履行可以用图 5-11 来描述。

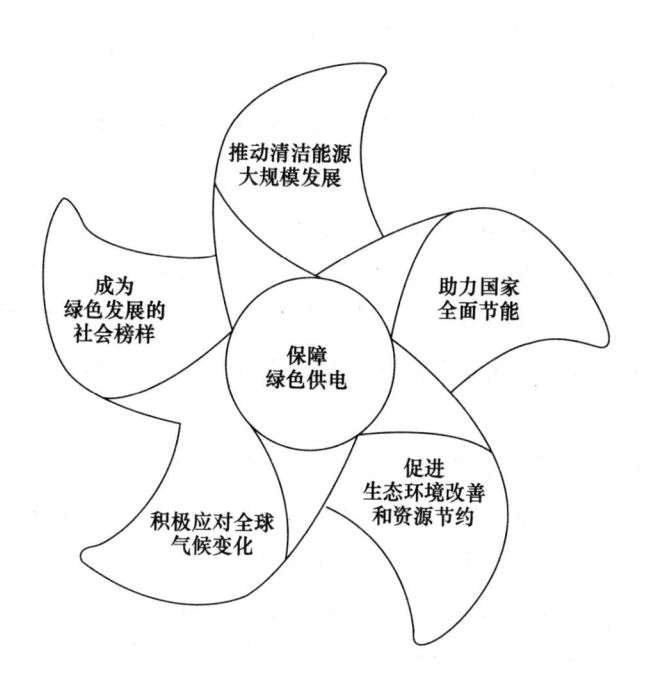

图 5-11　国家电网公司环境责任的履行

最后，公益责任。对社区履行诚信守法合规，支持公益事业，突发事件应急，援疆援藏等企业公民责任。如 2011 年对口支援西藏措勤县2250万元，主要用于新农村建设、教育培训、完善县城环卫设备、城市基础设施建设、绒毛养殖基地和加工厂建设、措勤县岗江矿泉水开发等项目，积极改善农牧民的生产生活条件，提高其自我发展能力。援助建设"十二五"四川藏区电网，投资192.5亿元，解决藏区新增水电送出问题，加快实现县域电网联网，利用电网最大限度地延伸，解决31.9万无电人口用电问题；发挥"国家电网公益基金会"功能，作为公司责任管理的重要部分，将大额捐赠事宜纳入基金会管理制度，并积极实施，开展长江绿化、扶贫帮困、肿瘤防治等公益项目，逐步打造统一的公益事业集团化运作和公益品牌塑造平台；在甘肃陇南、甘南、天水、定西、平凉等汶川地震受灾区建成10所爱心希望小学，援建校舍总面积达8700平方米，受到灾区人民的广泛好评；积极应对重大自然灾害和社会突发事件，尽最大努力减少自然灾害对人民群众生命财产造成的损失；主动参加社会重特大突发事件的应急救援，积极支援"7·23"甬温线特大铁路交通事故、"8·23"七台河煤矿透水事故和"9·18"西藏亚东县电网受地震灾害影响的应急救援；支持员工开展志愿服务，持续开展"青春光明行"志愿服务活动，目前公司拥有青年志愿者31.8万人，自2003年以来，累计参与志愿服务活动350多万人次，涌现出一批优秀志愿者服务团队。

（五）评述

2006年，国家电网公司通过建立高绩效标杆进行企业高管的全球选拔和培训，以及公司积极构建高管胜任力模型，体现了公司对于高管胜任力的高度重视。而这种高起点、高要求以及卓越的高管胜任力也给企业的社会责任管理和履行创造了一系列的里程碑事件，不仅使公司拥有近20个"第一"的头衔，捧回70余项奖励，而且企业社会责任在国际排名中也大幅增加。

此外，企业社会责任的国内外交流也成为企业社会责任履行的重要驱动。国家电网公司不仅高度重视企业社会责任实践与外部交流，而且积极推动社会责任案例进名高校活动，如《国家电网：企业社会责任》案例相继被哈佛大学商学院全球案例库和北京大学教学案例库录用。这不仅为企业社会责任的履行提供新的宣传途径，也使其管理措施和监管体系更加完善。

可见，自 2006 年发布我国第一份企业社会责任报告以来，国家电网公司一直致力于研究和倡导科学的企业社会责任理念，公司在企业社会责任管理体系中，不断创新，积极营造综合价值最大化的氛围。但这一切绝非偶然，而是源于其高管团队卓越的胜任力。通过案例可以看出，国家电网公司非常注重高层管理者胜任力的选拔及培训，保证高效管理团队的形成，从而为企业责任管理制度及制度实施提供有效保障，使公司的企业社会责任的履行得以很大提升，并为维护国际一流社会责任践行者角色而不懈努力。

二 华为技术有限公司①

（一）公司简介

成立于 1987 年的华为技术有限公司（简称华为公司或华为）是一家生产销售通信设备的民营通信科技公司，总部位于中国广东省深圳市龙岗区坂田华为基地。华为的产品主要涉及通信网络中的交换网络、传输网络、无线及有线固定接入网络和数据通信网络及无线终端产品，为世界各地通信运营商及专业网络拥有者提供硬件设备、软件、服务和解决方案。华为的产品和解决方案已经应用于全球 170 多个国家和地区，服务全球运营商 50 强中的 45 家及全球 1/3 的人口。2014 年《财富》世界 500 强中华为排行全球第 285 位。

过去 20 多年，华为抓住中国改革开放和 ICT 行业高速发展带来的历史机遇，坚持以客户为中心，以奋斗者为本，基于客户需求持续创新，赢得了客户的尊重和信赖，从一家立足于中国深圳特区，初始资本只有 21000 元人民币的民营企业，稳健成长为年销售规模

---

① 华为技术有限公司官网及其《2014 年可持续发展报告》。

超过2880亿元人民币的世界500强公司。如今，华为的电信网络设备、IT设备和解决方案以及智能终端已应用于全球170多个国家和地区。华为在170多个标准组织和开源组织中担任核心职位，已累计获得专利授权38825件。作为全球最大的电信设备供应商，华为一直以"聚焦客户关注的挑战和压力，提供有竞争力的通信解决方案和服务，持续为客户创造最大价值"为使命，为客户创造长期的价值和潜在的增长，在社会的信息化过程中，充分挖掘ICT技术的潜力，为经济社会的发展提供重要支撑。

2015年《中国民营企业500强榜单》，华为名列第2位。由中国社会科学院经济学部企业社会责任研究中心课题组发布的《中国民营企业100强社会责任发展指数（2014）》和《中国民营企业100强社会责任发展指数（2015）》，华为公司一直位居榜首，社会责任发展指数达到五星级水平。

（二）华为公司高管胜任力分析

华为之所以表现优秀，并形成坚强的团队战斗力，其高管的选拔和培养方法起到了决定性的作用。华为建立了一套标准化的干部选拔标准。在华为不同的业务部门、不同的管理层级，在进行干部选拔的时候，大家采用的是同一套标准，这套干部选拔的标准，包括四个核心内容：

（1）核心价值观是基础。对于一个公司的员工队伍来讲，越是高层的人员，越需要对于公司核心价值观的认同、践行和传承。因此，华为在进行高管选拔时，注重在价值观方面真正高度契合的人，也就是华为所说的同心人。华为的核心价值观主要是三个内容：以客户为中心，以奋斗者为本，长期坚持，艰苦奋斗。公司会通过关键事件，来对价值观进行判断。

（2）品德与作风是底线。在选拔干部的时候，要看品德，不能唯才是举。不符合品德要求的干部是要一票否决的，在这方面的考核也是通过关键事件来进行考核。比如说在评价一个干部他是否具有艰苦奋斗的工作作风方面，会从这些方面来进行评价：是不是用人五湖四海，不拉帮结派？是不是实事求是敢讲真话，不捂盖子？是不是能够耐得住寂寞，受得了委屈？

（3）绩效是必要条件和分水岭。正所谓华为的"赛马文化"，即所有的人加入到华为之后，他过去的所有的学历、工作经历都是一笔抹消，每一个人都是站在相同的起跑线上。只有绩效前25%的人可以被继续提拔。同时，被华为认可的绩效有三条标准：第一条是最终对客户产生贡献才是真正的绩效；第二条是关键行为过程要以结果为导向；第三条是素质能力不等于绩效。不承认茶壶里的饺子，只有真正表现出绩效的结果才是公司所认可的绩效。

（4）能力是关键成功要素。华为会有一个共同的能力标准，就是对于干部领导力的要求。华为从1996年就开始跟合益进行合作，2005年华为再度和合益合作，开发了华为领导力模型。领导力模型包括三个方面的内容，有三大核心模块。第一块是建立客户能力，第二块是建立华为公司的能力，第三块是建立个人能力。其中，包括九个关键素质，这九项关键素质后来被衍生为华为在干部选拔的时候会进行的干部评价，叫作"干部九条"。经过实践之后，"干部九条"逐渐演化成"干部四力"，即决断力、理解力、执行力和人际连接力。特别是对于高级干部要求具有比较强的决断力和人际连接力。

（三）华为公司社会责任管理

1. 完善责任管理制度体系

华为基于ISO26000等系列国际标准建立了可持续发展管理体系，建立华为可持续发展战略、政策、组织和流程，开展可持续发展文化建设，并持续优化公司可持续发展管理体系，致力于为公司业务的开展提供便利、高效的平台。

为了推进华为的可持续发展工作，使可持续发展战略在公司全球范围内从上至下获得执行，华为各职能部门的20余名高层主管组成了企业可持续发展（CSD）委员会（见图5-12）。

自2013年基于ISO26000建立CSD管理体系（见图5-13）以

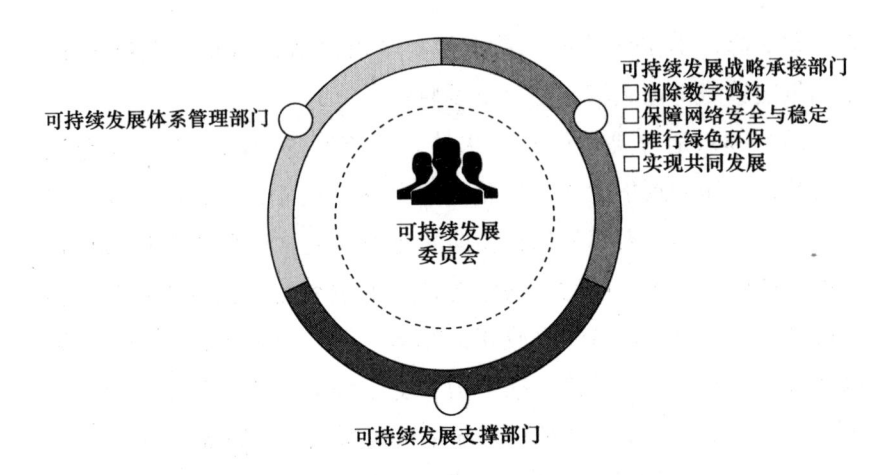

图 5-12　华为 CSD 委员会构成

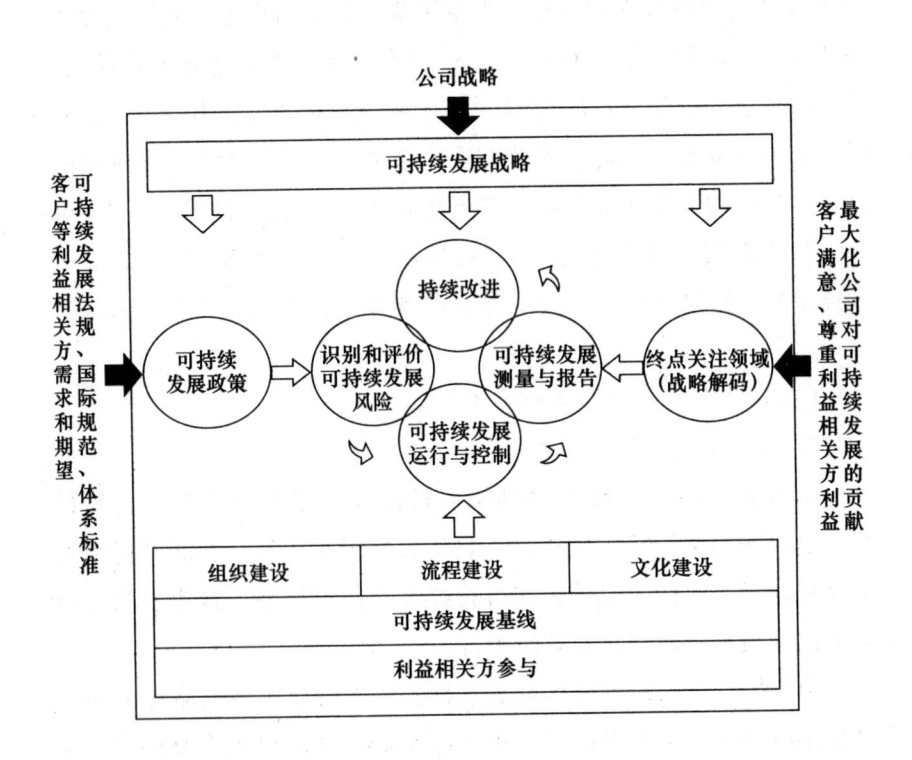

图 5-13　华为 CSD 管理体系

来，华为制定和发布了政策、流程、基线等一系列管理方法和工具。2014年，华为继续夯实可持续发展管理体系，从而确保管理体系在业务领域得到落实和执行。华为可持续发展战略与华为公司战略一脉相承，体现了华为在促进经济、环境和社会的长期和谐健康发展的承诺。华为可持续发展战略承接部门分为消除数字鸿沟、保障网络安全与稳定、推进绿色环保和实现共同发展四个部分。可持续发展已经成为华为业务战略制定的优先考虑要素之一，并落实到公司的运营过程中，有助于公司成为一家负责任的企业公民。

2. 有效的责任管理制度实施

首先，加强责任管理沟通。华为每年初都会召开可持续发展战略研讨会，基于内外部环境的发展和变化来审视和梳理可持续发展战略，确保公司战略始终是领先而具有前瞻性，以更加方向明晰地指导可持续发展工作。领先的战略固然重要，然而更关键要看战略的执行情况。为了保证可持续发展战略的落地，公司每年都会进行战略解码，将战略细分到可执行的重点工作和目标，并由相应的部门承接，使战略的执行可以被监控和度量。2014年，华为持续聚焦可持续发展战略，全面推动企业自身和价值链履行社会责任，积极面对可持续发展风险和机遇，促进价值链的和谐健康发展。

其次，履行责任管理推进。利益相关方参与是华为管理可持续发展工作的重中之重。公司建立了《利益相关方参与流程》将这项工作加以固化，以落实到公司运营中去，发挥更大的价值。通过开展利益相关方沟通，不仅可以展现华为的可持续发展态度、努力和绩效，更重要的是企业高管愿意倾听来自各方的声音，并将之运用到日常管理中，驱动持续改进。良好的利益相关方沟通有助于公司更加系统地识别和管理可持续发展风险，最大限度地提高可持续发展能力，实现公司的战略目标。

同时，华为积极携手合作伙伴和客户等利益相关方，共同推动行业可持续发展。作为联合国宽带委员会、联合国全球契约、全球电子可持续性倡议组织（GeSI）、QuEST论坛、商务社会责任国际协会（BSR）和 CSR Europe 等全球及区域组织成员，华为不断地与业界交流分享最佳实践，探索合作领域并推动标准发展。

最后，优化责任管理反馈。为了牵引可持续发展工作方向，华为制定了可持续发展中长期目标。根据公司发展规划及利益相关方要求，华为每年会对可持续发展目标进行审视，确保目标持续领先。同时，公司充分运用 CSD 管理流程系统策划、实施、监控和改进可持续发展工作。2014 年，CSD 管理流程已经在各业务部门得到了运用和实践，2015 年基于流程实际运行效果开展流程优化，使之更加匹配业务，为业务增值。此外，公司还开发了 CSD 管理体系成熟度评估工具，从战略、风险管理、指标管理、组织、紧急事件管理等 11 个维度开展成熟度评估，全面了解各业务模块的成熟等级，找出改进点，推动业务持续改进。

2015—2019 年，华为公司 CSD 管理体系执行情况大致可以用图 5-14 来描述。

（四）华为公司社会责任的履行

华为积极致力于社会经济的可持续发展，构造一个人人共享的可连接世界。

第一，市场责任。身处 ICT 行业，华为通过提供基础设施、设备、解决方案以及专业知识帮助人们接入互联网，消除数字鸿沟，致力于让那些仍未联网的人们能够接入互联网，帮助各地培养 ICT 人才和新技术应用能力，并提供解决方案为用户创造价值，丰富人们的生活。华为的产品和解决方案服务于 170 多个国家和地区，连接全球近 30 亿人口，目前仍积极为偏远地区的人们提供最基本的语音通信，将他们与信息社会连接起来，并由此增加他们改善生计的机会。

同时，华为借力互联网提升教育质量。在南苏丹，华为携手运营商 Zain 和联合国教科文组织，帮助当地学校接入互联网，连接到丰富多彩的信息社会。2014 年，在三方的共同努力下，一期项目覆盖的四所学校都能够顺利接入通信网络，3000 多名学生首次接入互

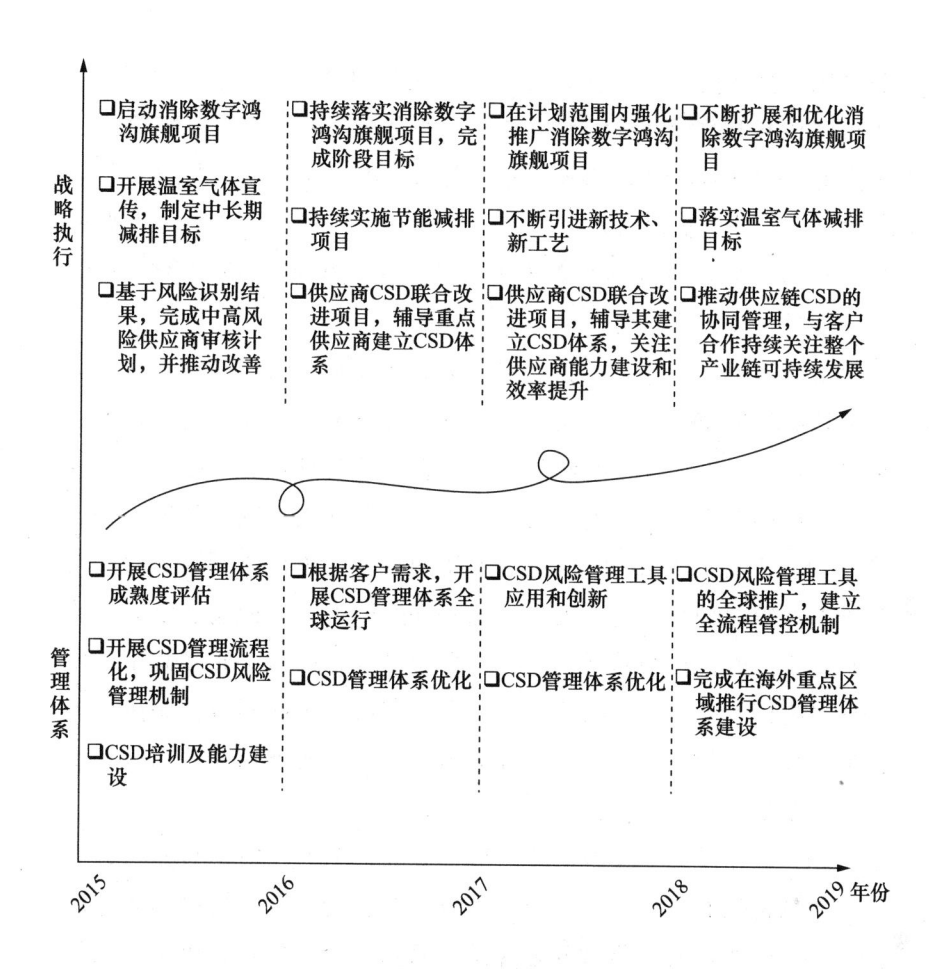

图 5-14 华为 CSD 管理体系执行

战略执行（2015—2019）：

- 2015：启动消除数字鸿沟旗舰项目；开展温室气体宣传，制定中长期减排目标；基于风险识别结果，完成中高风险供应商审核计划，并推动改善
- 2016：持续落实消除数字鸿沟旗舰项目，完成阶段目标；持续实施节能减排项目；供应商CSD联合改进项目，辅导重点供应商建立CSD体系
- 2017：在计划范围内强化推广消除数字鸿沟旗舰项目；不断引进新技术、新工艺；供应商CSD联合改进项目，辅导其建立CSD体系，关注供应商能力建设和效率提升
- 2018—2019：不断扩展和优化消除数字鸿沟旗舰项目；落实温室气体减排目标；推动供应链CSD的协同管理，与客户合作持续关注整个产业链可持续发展

管理体系（2015—2019）：

- 2015：开展CSD管理体系成熟度评估；开展CSD管理流程化，巩固CSD风险管理机制；CSD培训及能力建设
- 2016：根据客户需求，开展CSD管理体系全球运行；CSD管理体系优化
- 2017：CSD风险管理工具应用和创新；CSD管理体系优化
- 2018—2019：CSD风险管理工具的全球推广，建立全流程管控机制；完成在海外重点区域推行CSD管理体系建设

联网。为了保证学生可以畅游网络，学习更多的知识技能，学校的每台电脑每月可免费获得1GB的数据流量。此外，华为还对学校职工进行电脑知识培训，翻新电脑实验室，维修电脑，并为每所学校提供电脑和桌椅等，确保学生能够无忧使用网络。在华为的技术支持下，学生们能够参与到联合国教科文组织的"联合学校网络项目"中，实现与邻国学生之间开展跨区域学习、互动和交流。

截至2014年年底，华为在全球建立了45个培训中心，为各地培育专业人才，实现知识的传递。此外，华为还与运营所在地高等

教育机构及其他组织合作，为优秀学生提供奖学金和实习机会等，支持当地ICT教育发展和人才培养。华为"未来种子"旗舰项目覆盖全球35个国家，100多所高校，超过1万名学生从中受益。华为还将持续为非洲做出贡献，包括在其他非洲国家陆续开展"未来种子"项目，为非洲持续培养ICT人才，为他们创造更多的就业机会，促进非洲经济发展。

第二，用工责任。17万名华为员工始终坚持以客户为中心，把企业核心价值观、经营责任与社会责任有机地结合在一起，融入企业日常运营中，实现长期健康发展。华为坚信只有与产业链上下游各方的协同合作，一起构建资源共享、价值共创、风险共担、利益共享的商业生态体系，才能打造独特的综合竞争优势，构建和谐共赢的产业链。华为一贯重视员工福利保障，为员工创建健康安全的工作环境，并推行物质激励与非物质激励并行的员工激励政策，使奋斗者得到及时、合理的回报。在企业持续成长的同时，关注员工的职业发展，为多样化的员工提供多种价值实现通道，帮助员工实现个人价值。

华为将关爱员工作为企业的重要责任，融入公司运营的方方面面，包括提供有竞争力的薪酬，提供多样化的培训，提供相对舒适的环境，购买社会保险和商业保险，营造尊重、信任、快乐的工作氛围等，让员工能够快乐工作、快乐生活。

华为从员工的国籍、性别、年龄、种族、宗教信仰等方面，全方位地制定并实施多元化目标。由于华为所处的ICT行业特点，而且大多数员工来自工科院校，在很大程度上影响了女性员工所占比例较低。为了应对这些挑战，华为严格遵守各地相关法律法规及国际公约，保障男女员工就业公平，严格禁止就业歧视。近三年来，华为女性员工的比例基本保持稳定。此外，华为非常注重女性管理者的选拔，并实施了女性管理者培养计划，在同等条件下优先选用女性员工，帮助其职业发展。2014年，女性管理者的比例达到8.8%。华为公司的17名董事会成员中，就有4名女性成员。作为一家国际化公司，华为一直以积极的态度招聘国际员工，推动海外员工本地化进程。员工的本地化有利于公司深入了解各地迥然不同的文化，促进当地人口的就业，为当地经济的发展提供帮助。2014年，华为在海外聘用的员工总数超过3.5万人，海外员工本地化率达到75%，中高层管理者本地化率达到18.7%。

华为为员工提供了充分且平等的培训和晋升机会，帮助员工成长和实现自身价值。每天都有众多的培训课程在华为大学、各地培训中心、各部门培训教室开展，这些培训包括通用的知识技能以及专业能力培训。2014年，华为全球培训总人次超过172万，人均培训学时28.16。

华为注重员工的个人发展，鼓励员工根据自身能力和个人兴趣，自由成长，并为员工提供管理与技术晋升双通道。2014年，全部员工都接受了绩效考核与职业发展评估。优秀的员工会依据公司的规定和需要得到及时晋升，助力员工实现个人职业梦想。

为员工提供及时、合理回报。华为推行具有市场竞争力的薪酬制度，让人人都能分享到公司成长的收益。华为人力资源管理部与Hay Group、Mercer、Aon-Hewitt等顾问公司长期合作，定期开展薪酬数据调查，并根据调查结果和公司业绩、员工个人绩效对员工薪酬进行及时调整，员工的薪酬标准不因性别而有任何的差异。华为员工的奖金采取获取分享制，并与公司经营状况、员工所在部门的业绩以及其个人的绩效贡献密切相关。根据薪酬政策，每年对奖金方案进行审查和修改。华为通过长期激励机制与全球员工一起分享公司的经营收益和成长。长期激励机制将公司的长远发展和员工的个人贡献有机地结合在一起，形成了长远的共同奋斗、分享机制。

华为建立了完善的员工保障体系，为全球员工构筑起全覆盖的"安全伞"。除各地法律规定的各类保险外，华为还为全球员工提供人身意外伤害险、重大疾病险、寿险、医疗险及商务旅行险等商业保险，并设置了特殊情况下的公司医疗救助计划。2014年，华为全球员工保障投入人民币73.9亿元。

保障用工合规，华为规定招聘、晋升、薪酬等方面不应有种族、性别、国籍、年龄、怀孕或残疾等方面的歧视。华为明确禁止使用强迫、抵债或契约劳工，公司在企业招聘、用工和离职等重要环节上都做了详细且合理的规定，从具体实践中杜绝了使用强迫劳工的现象。华为运营过程中从未发生过强迫劳工的情况。华为明确禁止使用童工。公司在员工招聘、用工等重要环节有完善的预防措施，从而杜绝了使用童工的现象。同时，将这一要求传递给供应商，并定期监督审核。

第三，环境责任。作为全球领先的ICT解决方案供应商，华为始终践行"绿色管道、绿色运营、绿色伙伴、绿色世界"的战略理念，通过创新不断提升产品的资源使用效率、公司运营效率，降低自身的碳足迹和负面环境影响。此外，在环保方面持续创新和投入，开展高效节能的产品，并致力于通过绿色ICT技术帮助各行各业乃至全社会降低碳排放。

华为一直坚持将绿色环保要求融入产品的开发、生产、交付、运维等端到端过程中，并在产品研发方面持续投入和创新，确保所有产品都能够符合甚至超过相关法律法规和客户要求。领先的绿色ICT技术使华为在提高产品能效、开发利用新能源方面持续创新，开发了多种节能产品和解决方案，帮助客户提高能效，降低碳排放。同时，华为积极在绿色技术创新方面与业界及各高校合作，并主导能效标准和相关技术规范的制定，推进业界绿色ICT技术创新和发展，提升节能减排竞争力和影响力。2014年12月ITU-T正式批准G.fast宽带标准，华为积极推动该技术的标准化和产品化，贡献了省电工作模式、多线对串扰抵消等多项G.fast核心技术。华为与行业各方协同，推进无线产品能效标准制定和完善，在ETSI、CCSA的基站、控制器、无线网络能效评估方法研究等标准项目中作为主要贡献者提供了多项提案，确保测试标准的准确性和可行性，促进移动网络能效提升。

环境友好的新型环保材料可以从源头上间接地减少对资源的消

耗和对环境的破坏,在末端可以减少废弃物和处理废弃物所需的能耗,并拓宽材料的使用方式和领域,将负面环境影响降到最低。华为积极探索使用环境友好的新型环保材料,最大限度地减小对环境的影响。

华为的节能减排措施及成效大致可以总结如图 5-15 所示。

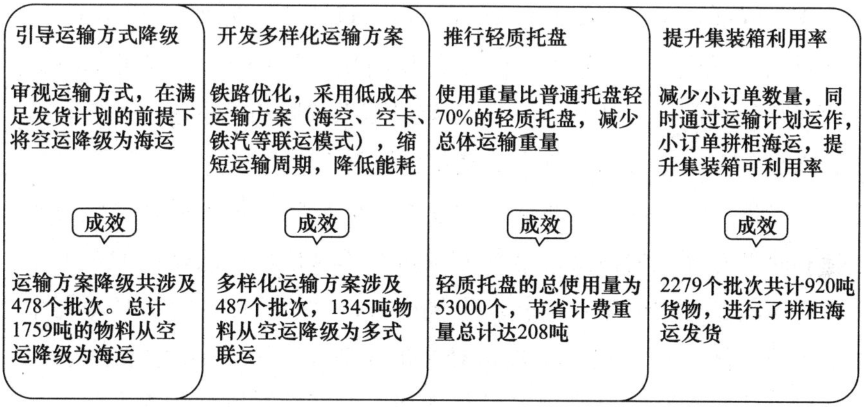

引导运输方式降级	开发多样化运输方案	推行轻质托盘	提升集装箱利用率
审视运输方式,在满足发货计划的前提下将空运降级为海运	铁路优化,采用低成本运输方案(海空、空卡、铁汽等联运模式),缩短运输周期,降低能耗	使用重量比普通托盘轻70%的轻质托盘,减少总体运输重量	减少小订单数量,同时通过运输计划运作,小订单拼柜海运,提升集装箱可利用率
成效	成效	成效	成效
运输方案降级共涉及478个批次。总计1759吨的物料从空运降级为海运	多样化运输方案涉及487个批次,1345吨物料从空运降级为多式联运	轻质托盘的总使用量为53000个,节省计费重量总计达208吨	2279个批次共计920吨货物,进行了拼柜海运发货

图 5-15 节能减排措施及成效

(1)生物基塑料的应用。华为从 2013 年开始在手机产品中使用生物基塑料。生物基塑料在环保方面具有传统塑料无法比拟的优势,其原料都是从植物中获取的,不需要消耗生产传统塑料使用的不可再生资源——石油,因此可以在很大程度上减少对环境的污染和破坏。2014 年,生物基塑料已经应用到华为的更多产品上,共有 G730、P7、Mate7、荣耀 6 Plus 四款手机产品使用了生物基塑料,其中使用的生物基塑料中蓖麻油含量大于 10%。使用更环保的大豆油墨印刷、大豆油墨是指含有一定比率的大豆油的印刷油墨,由于其低挥发性有机物(VOCs)的环保性能及优良的印刷效果,能减少对石油资源的依赖,且比传统油墨对人体健康危害要小很多。大豆油墨印刷品脱油墨容易,易于包装材料的回收利用。从 2014 年 1 月起,大豆油墨已在华为终端产品包装中普遍使用。

（2）绿色包装。华为在包装材料的选择、制造、使用和废弃等生命周期的各个环节都严格遵守环保要求，使用对生态环境和人类健康无害，能重复使用和再生，符合可持续发展要求的包装。华为通过开展绿色包装实践不仅能减少包装材料的使用，节约资源，也有助于减少二氧化碳排放。华为制定了"7R1D"绿色包装策略，即以适度包装（Right Packaging）为核心的合理化设计（Right）、减量化（Reduce）、可反复周转（Returnable）、重复使用（Reuse）、材料循环再生（Recycle）、能量回收利用（Recovery）和可降解处置（Degradable）。2014年，华为累计发货247193件绿色包装，节省木材44164立方米，减少二氧化碳排放19130吨。

绿色物流不仅可以降低运营成本，更重要的是可以减少能源消耗和降低对环境的污染，是华为端到端的绿色环保战略中的重要一环。运输过程中的燃油消耗和尾气排放，是物流活动造成环境污染的主要原因。华为在基于数据分析的基础上，开展绿色物流实践。通过对运输线路进行合理布局与规划，缩短运输路线，提高装载率等措施，实现节能减排的目标。

（3）减少自身能源消耗。华为所倡导的全连接世界，是一个万物互连的可持续发展的世界。通过ICT技术帮助社会降低能源消耗的同时，也注重减少自身的经营活动对环境的直接影响，这也是我们可持续发展的重要指标。华为通过导入能源管理体系、推进清洁能源的使用、开展技术和管理节能等手段，持续减少自身能源消耗和二氧化碳排放。2014年，华为继续深化能源管理工作，全年能源消耗为14.8万吨标准煤。由于公司业务的增长及运营所在地总建筑面积的增加对能耗带来了挑战，但通过管理节能和技术节能，使单位销售收入能耗下降了0.25%，2014年华为在中国区实现节电4300万度，相当于减少二氧化碳排放约4万吨。华为重点开展能源管理系统建设，推进技术节能及实验室设备节能，降低运营过程中的能耗。

（4）温室气体管理。华为将温室气体管理作为企业运营活动的一部分，我们基于 ISO14064 国际标准来识别温室气体排放，并采取有效的节能减排行动。基于温室气体的量化和分析，华为设定了未来五年内单位销售收入减排 10% 的目标。持续监测和改进温室气体管理绩效，并通过建立能源管理体系、开展节能项目、引入清洁能源等方式，降低自身碳足迹。

（5）提高资源效率。华为非常重视水资源保护，并制定了节水目标，加强用水管理，通过调整用水结构，改进用水方式等，提高水的利用率，避免水资源的浪费。例如，加快污水回用设施的建设，通过雨水收集设施、污水资源化和中水设施等进行水资源的回收利用；对设备冷却水、冷凝水循环及回收使用；对供水管网、用水设施、设备和器具等加强维护和管理，降低渗漏率。华为运营活动用水主要涉及绿化、食堂用水、空调系统用水。在运营过程中推行清洁生产技术，降低水消耗，实施节水措施，如雨水收集利用、循环使用冷却水，购买中水用于园区清洁绿化等。2014 华为总用水量为 548 万立方米，比 2013 年增加了 53 万立方米。用水量增加的主要原因是华为业务的增长及运营建筑面积的增加，相应地增加了用水需求。换算成单位面积耗水量，较 2013 年略有降低。2014 年，华为在新建项目中建造雨水收集系统，建设中水设施；合理利用中水等，提高水资源效率。例如，在北京园区利用中水进行清洁绿化，减少自来水用量 7 万立方米。华为的废水排放主要是生活污水，各基地生活污水均排入市政污水厂处理，每年经过第三方监测，符合国家和地方标准。

（6）助力绿色世界建设。华为研究发现，随着移动互联网高速发展，运营商能耗增长的速度远超收入增长速度，能耗收入比持续上升，影响到运营商利润。因此，向能耗要收益存在广阔的空间。通过研究，华为将通信网络能源效率分解为通信设备和基础设施能效，从而使节能措施有的放矢；同时，提出了能效 TOP N 管理方法论，通过量化的科学管理手段，最大化网络能源效率，帮助运营商盈利。通过华为领先的电源管理方案以及优化的温控方式，运营商的电源能耗及温控能耗节省空间可以达到40%—80%。

第四，公益责任。作为一家国际化公司，华为在全球170多个国家和地区运营，是负责任的企业公民和可信赖的合作伙伴。公司以促进所在地的发展为己任，通过为当地社区提供培训教育机会，支持社区基础设施建设，助力社区环境改善，为社区开展慈善捐赠等方式，支持和促进社区发展。公司运用通信技术的巨大潜力，通过实施旨在消除数字鸿沟的公益项目，改善全球各地的信息接入，培养ICT人才。

华为通过"发展未来'种子'"等公益项目，普及通信技术和知识，帮助当地培养人才，实现ICT知识传递，增强人们实现数字化社会的能力。同时，公司通过为贫困国家和地区提供有力支持和帮助，鼓励他们以积极向上的心态，克服面临的困难，勇攀人生高峰。

华为积极推动ICT技术在政府、公共、交通、能源等领域的应用，远程医疗、在线教育、高清会议等技术的应用和普及，大大提高了资源使用效率，降低了资源消耗，推进社会可持续发展进程。华为在克拉玛依建设的远程医疗平台覆盖该市的4家医院，近100个科室，以及11个社区卫生服务中心和乡镇卫生所。该平台外部连接北京、上海、武汉等多个大城市的多家协作医院，既可以将新疆本地的医疗资源往下级医院覆盖，也可以灵活引入新疆之外的多家医院，将远程会诊直接做到一对一的科室级会诊，使内外医疗资源得到最优化利用。远程医疗平台的建设有效地解决了医疗资源分布不均的问题，提高了突发情况下的医疗救援效率，减少了患者外出就医成本，扩大了本地医疗辐射范围，解决了人们看病远、看病难的问题，为新疆人民带来了便捷的医疗服务。

（五）评述

近年来，华为公司通过建立高绩效标杆进行企业高管的全球选拔和培训，以及公司积极构建高管胜任力模型，体现了公司对于高管胜任力的高度重视。而这种高起点、高要求以及卓越的高管胜任力也给企业的社会责任管理和履行创造了一系列的里程碑事件,不仅使企业社会责任指数排名领先,企业的产品品牌、雇主品牌也大幅提升。

自 2008 年发布第一份企业社会责任报告以来,华为就一直致力于研究和倡导科学的企业社会责任理念,在企业社会责任管理体系中不断创新,积极营造综合价值最大化的创新氛围。但这一切绝非偶然,而是源于其高管团队卓越的胜任力。通过案例可以看出,华为公司非常注重高层管理者胜任力的选拔及培训,保证高效管理团队的形成,从而为企业责任管理制度及制度实施提供有效保障,使公司的企业社会责任的履行得以很大提升,并为维护国际一流社会责任践行者角色而不懈努力。

第六章 对策研究

实现企业的社会责任是一项浩大的系统工程，不仅包括宏观层面的政府相关行为，而且包括微观层面的企业相关行为。因此，企业的高层管理者必须认识到：作为一种崭新的管理理念，企业责任管理体系必须尽快纳入企业战略管理中，使企业社会责任的履行得以有效保障。结合目前的实际状况，本书提出以下对策建议。

第一节 针对企业的策略建议

要使企业高管胜任力的完善最大限度地促进企业社会责任的履行，就必须使企业社会责任管理体系在一个科学的框架下运行，这个框架应是企业与社会责任管理相适应的机构和制度，并加以相应的管理手段和管理措施，包括企业的内部治理结构、道德体系以及高管胜任力的完善与测评等。

一 重塑企业治理结构

企业的运营方式很大程度上取决于企业内部治理结构。传统企业内部治理结构的最终目标是维护股东权益最大化，即"股东利益本位"思想。为了积极提升企业社会责任的履行，就必须推行企业社会责任管理模式。它要求企业积极平衡其与所有利益相关者的关系，而不仅仅要解决企业的代理成本问题。因此，通过重塑企业内部治理结构，使其具备有效的治理模式，是保证企业有效履行社会责任的必要途径。一般来说，重塑企业内部治理结构，力求企业的经营真正体现社会整体的利益，这也使更多的利益相关者积极参与到企业的经营管理之中，进而从根本上维护市场经济的健康发展。

同时，完善社会责任管理职能机构应被更多的企业重视。早在2005年，在企业社会责任调查报告中，毕马威国际会计师事务所的研究人员就曾指出，越来越多的企业将不会把社会责任看作是组织内部应对负面新闻时才履行的一种临时功能，而应该是企业核心价值和战略管理中不可或缺的重要部分。虽然我国企业社会责任管理的意识正在不断增强，但从企业高管及相关组织机构的支撑的角度来讲，还比较缺乏。因此，为切实提升社会责任的履行，需要设立独立的责任管理部门和相应的高层管理人员，他们负责企业社会责任管理的一系列程序，如标准的建立、内部评估、撰写并发布企业社会责任报告等。

二 注重企业道德管理

企业现代经营观念就是现代经营哲学，它对企业价值观的形成及企业文化建设具有非常重要的影响和意义。科学的企业经营观念能够促进企业形成合理的战略价值观，其强大的内在驱动力，对塑造员工的价值观念，提高企业经营道德水平以及履行社会责任有着非常重要的作用。从而对企业的经营决策的动机产生积极的影响，并规范着企业经营行为。因此，企业高管在不断完善自身胜任力的同时，还应积极将道德管理纳入企业的经营观念中，使社会责任管理融入更多的道德元素，从而不断提升企业社会责任的履行。

此外，企业的所有经营活动必须受到社会道德规范的约束，其本质就是如何更好地履行社会责任，而企业的经营观念能够直接决定并制约其经营活动。所以，想要更好地履行社会责任，企业必须树立科学的现代经营理念，即合乎当代世界政治、经济的发展潮流，不断探索建立以消费者为中心，以履行社会责任为己任，维持人与自然和谐共处为经营目标，重视社会的可持续发展及长远利益。

三 完善企业高管胜任力

企业社会责任关乎其长远发展,作为组织的战略决策者,企业高管确保社会责任落实到位。企业应不断完善高管胜任力,深化责任管理体系,将其提到战略的高度,并建立更全面的管理体系,实现规范化、系统化与持续化管理。同时,要提升企业履行社会责任的积极性、能动性,并扩展其内容和层次。

具有卓越胜任力的企业高管会根据企业不同的发展阶段,结合企业的发展战略,设计出合理的社会责任管理体系。因为不同的利益相关者需求在不同的时期也会存在很大差别,而这种变化的一个重要驱动就是企业的资金状况:当资金紧张时,企业会优先考虑股东、债权人、消费者和政府的需求;其次是员工和供应商的需求。只有当资金较为充裕时,企业才会更加主动地承担对环境、非政府机构和民间团体的责任。此外,在企业的整个生命周期中,用于承担社会责任的资源比例同其周期轨迹一样,也是一条倒"U"形的曲线,即随着企业的不断发展,它会积极履行更多的社会责任;而随着企业的衰落,它又逐渐放弃这些责任。这一结论与卡罗尔(1979)提出的经济责任在社会责任中处于基础性地位不谋而合。可见,企业首先是"做得好",其次是"做好事"。所以,企业在承担社会责任时,必须预防走向另外一个极端:过分地追求社会声誉,甚至好大喜功,承担了与自身发展方向不协调,承载能力不匹配的社会责任。

四 完善高管胜任力测评模型

企业应结合社会责任的战略要求,不断完善高管的胜任力测评模型。"你可以教会一只鸭子爬上架,但最好是找来一只松鼠"是胜任能力模型的一个名言。实践表明,企业应重视管理者培训,但选好管理者是至关重要的。对于企业高管胜任力测评的焦点问题是应当用什么标准、什么方法选拔管理者。学历和工作经历等选择方法是传统选拔的重要参考标准。但实践表明，学校测验成绩在预测候选人未来学术绩效上具有很好的有效性，但在预测商业成就乃至生活中的成就则有效性不高，更无法据此预测一个人商业成功的可能性。

可见，以知识和技能为高权重的选拔并不科学。正如前文提到的胜任力"地壳模型"，其"地核"部分——高管的管理素质是最难发展的核心因素，应该得到测评的更高权重。因此，企业应当选拔有深层管理动机和特质的胜任者，充分考虑企业社会责任因素，给他们特定岗位所需的知识和技能，胜任力模型应该根据不同阶段，进行不断调整及完善，保证企业高管的胜任力得以挖掘和施展，并为企业社会责任的履行提供保障。

第二节 针对政府的政策建议

一 积极推进国际标准

1997年，社会责任国际（SAI）制定了SA8000社会责任标准。由于其标准严格、范围广泛、适用面广等特点，且重点保护劳工利益，将非经营性、非技术性的抽象道德、理念等层面的内容标准化，因此引起西方社会各界的一致重视。此外，2010年11月1日，在瑞士日内瓦国际会议中心，由国际标准化组织（ISO）举办了54个国家和24个国际组织参与制定的社会责任指南标准（ISO26000）的发布仪式，首次正式出台了社会责任标准。[①] ISO26000明确了一个统一的社会责任内涵，通过将社会责任理念融入组织及其各种关系

---

① http://www.iso.org/iso/iso_catalogue/management_and_leadership_standards/social_responsibility.htm.

之中，充分考虑利益相关者的要求，从而促进了社会的可持续发展。

我国政府应引导企业积极借鉴并推行 SA8000 和 ISO26000 的合理成分，不断加强相关责任标准的完善，努力做到责任管理与国际体系接轨。目前，国际上对于企业社会责任的发展已经形成了一场浩浩荡荡的社会运动。我们不仅要认真研究相关国际标准，而且要积极参与国家规则的制定。同时，我国企业还应通过研究和探索，建立起有中国特色的符合自身发展的社会责任管理体系，从而有效地提升企业履行社会责任的自觉性和能力。

二 营造合理市场环境

合理的市场环境是实现经济的健康、可持续发展的重要途径。为了提升企业履行社会责任的积极性与主动性，政府应鼓励越来越多的企业将社会责任信息公开机制引入企业社会责任管理体系之中。企业通过信息披露机制，向公众传达商品质量及消费者满意度、员工权益的保护情况、环境保护措施以及公益活动开支与反馈等承担社会责任的资料。对于那些能够自觉地履行社会责任的企业，政府不仅应给予表扬和宣传，而且将其设为重点学习榜样。这样既提升了标杆企业的知名度，为其创造了更多的竞争优势，又营造了积极履行社会责任的市场环境。反之，对于那些利欲熏心、怠于履行社会责任的企业，政府应果断采取治理措施，不仅其使其降低乃至丧失竞争优势，而且将其置于退出市场的险境之中。

同时，政府应督促企业从其组织结构、经营者资格以及经营决策程序等方面将企业社会责任理念和要求纳入具体的企业制度管理之中，并做到责任管理与企业战略发展相互促进，并将企业高管作为本企业社会责任的首要负责人，社会责任的履行结果与其个人绩效及信用直接挂钩。

三 完善信息披露机制

良好的信息披露机制对于监督和制约企业责任的履行有着举足轻

重的作用,也是维护良好的市场经济秩序的重要措施。对于评审机构对企业社会责任履行的评估结果,或依据有关企业社会责任标准进行自评的结果,企业应以规范的责任报告形式向社会公布。这样不仅为企业接受社会各界的监督创造有利条件,而且为企业塑造良好的公民形象,既提升了企业的品牌价值,又增强了企业的竞争优势。需要强调的是,企业社会责任报告应注意以下几点:

首先,企业社会责任报告务必真实、客观,切忌弄虚作假、欺骗公众。

其次,企业应对责任报告的时间和空间范围做出清晰的界定,不能言辞含糊而误导公众。

再次,企业应尽量选择主流的评估标准,若需要根据自身情况进行调整时,必须做出合理的说明,以增强报告的客观性与可信度。

最后,企业应在官方网站上开辟专门的企业社会责任信息发布专栏,以便于公众随时查阅。

然而,我们也看到一些问题,部分企业的社会责任报告除年份和相关事件的具体数据有差异外,其内容、格式几乎完全相同。这种照搬照抄现象本身就是企业对社会提交的一份不合格的道德试卷。同时,企业社会责任报告涉嫌抄袭的背后有着不可回避的社会问题:没有企业的清晰认识和积极努力,企业社会责任就会成为海市蜃楼;没有职能部门的引导与监督,企业社会责任的实现就缺乏保障;没有公众的参与,就无法营造良好的舆论氛围和对话机制。

四 建立科学处罚体系

履行社会责任属于企业经营管理的重要部分,因此,任何企业都会考虑其成本与收益。如果怠于履行社会责任能够带来的收益远远超出成本支出,那么,企业就很难自觉地履行其社会责任。所以,对于不能合格地履行社会责任,甚至有悖于此的企业,探讨如何公正地加大对其处罚力度,将不仅成为保障和贯彻企业社会责任的最后一道屏障,而且也将成为促使企业自觉履行社会责任最有效的措施。

此外，对于怠于履行社会责任的企业，不仅要加大处罚力度，还应考虑处罚的具体方法及程序。如果对于怠于履行社会责任的企业只是单纯地追究其经济责任，往往不足以引起这些企业的足够警觉。同时，有些处罚往往没有使事故的相关决策者和责任人受到相应的处罚，导致真正的责任人依然逍遥法外。因此，及时、合理地对怠于履行企业社会责任、损害企业利益的行为进行有效的制裁，是建立真正健康的市场环境的必然保障。对于损害企业和社会利益的行为，应及时予以制止及惩罚，并从根本上保障企业社会责任履行的不断提升。

第七章 研究结论与展望

第一节 研究回顾

在借鉴众多学者研究成果的基础上,本书就高管胜任力对企业社会责任的作用机理进行理论探讨和实证检验。

第一,资料收集与整理。在文献收集、问卷调查和企业访谈等基础上,运用实证分析与规范分析、定性分析与定量研究相结合的方法,本书就企业社会责任、责任管理及高管胜任力的相关文献进行收集与评述,以期找出三个潜变量之间的内在联系。

第二,概念模型与研究假设。本书以系统论作为方法论依据,以利益相关者理论、资源基础理论、企业伦理理论、企业公民理论、人—职匹配理论以及隐性知识理论等经典理论作为理论基础,总结出研究的概念模型,即"EC→CSR"模型,并提出研究假设,即"思想→结果"路径、"思想→行为"路径和"行为→结果"路径。

第三,实证研究准备。通过科学、规范的问卷设计与严格的数据收集过程,本书获得了实证研究所需的样本数据。并对问卷的基本构成进行了具体分析,为后续的实证分析打下了基础。

第四,实证研究。在对样本数据进行描述性统计和量表的信度、效度检验的基础上,本书运用 AMOS 17.0 软件分析了实证模型的拟合指标,并运用结构方程模型进行实证分析,最后结合案例进一步论证了高管胜任力的提升有助于企业责任管理体系的完善，从而有效地提高企业社会责任的履行这一研究假设。

第五，现实意义。在以上理论阐述和实证分析的基础上，关于如何通过完善高管胜任力提升企业社会责任的履行，研究从企业的微观角度和政府的宏观角度提出了各自的策略建议和政策建议，以期更好地提升我国企业社会责任的履行。

第二节 研究结论

第一，高管胜任力"地壳模型"。在麦克利兰等对管理者胜任力经典分类的基础上，结合本书主旨，依据胜任力发展的特点，提出企业高管胜任力的"地壳模型"，即"地壳"——管理知识，"地幔"——管理技能，"地核"——管理素质。这对于构建一套具有中国特色的企业高层管理者胜任力的测评工具有探索性意义。

第二，两者产生关联的中介变量是企业责任管理。企业高管胜任力的完善能够有效地提升企业社会责任的履行，通过理论分析及实证研究，本书认为，不断完善企业高管胜任力，可以有效地提升企业责任管理绩效，进而加强企业履行社会责任的自觉性和能力，这无疑为企业社会责任的研究开创了新的视角。

第三，高管胜任力各维度均对企业社会责任产生影响。通过理论分析及实证研究，指出管理知识、管理技能及管理素质等各维度的高管胜任力均对企业社会责任的相关维度产生不同程度的影响。这对企业如何从内部高管层面提升社会责任的履行提供了重要参考。

第三节 研究的局限性与展望

第一，模型应用。本书使用高管胜任力对企业社会责任的相关性模型研究了两者之间的关系，并验证了不同行业、不同性质、不同规模的企业都存在一定的特异化。然而，由于能力有限，研究未能对具体的差异进行更为详细的论证。所以，对不同行业、不同性质及不同规模的企业，其高管胜任力对社会责任影响的研究还有待拓展。

第二，匹配问题。企业高管胜任力与企业所处战略阶段的匹配程度对其社会责任的履行存在很大的影响。具体来讲，企业社会责任的履行本身就是其与内外部环境相互作用、相互影响的动态发展过程，处于此过程中的企业应该积极调动一切可利用的内部资源去应对发展中面临的问题，以保证企业社会责任履行的不断提升。从过程论的观点来看，企业高管与内外部环境的互动能力是企业社会责任履行的一个重要影响因素，即处于不同的战略发展阶段，企业高管应该突出具备怎样的胜任力才能使企业更好地履行社会责任，并且如何对此进行定量的研究，这些在以往的研究中都没有答案。

附 录
企业社会责任与高层管理者胜任力
关系调查问卷

尊敬的女士/先生：

您好！首先感谢您百忙之中抽空填写本问卷！

本问卷旨在了解现阶段企业社会责任的履行状况，探讨其与企业高层管理者胜任力的关系，促进企业健康、持续发展。我们将对通过问卷采集到的数据进行整理和统计分析，从而对企业应该如何通过提升高管胜任力促进社会责任的履行提供具有实证基础的建议。问卷的填写采用无记名方式，答案无对错和优劣之分，所有资料仅供学术研究之用，绝不对外公开，请您根据自身的知识和经验放心回答全部问题，这点对本书非常重要。

谢谢！

问卷填写说明

企业社会责任（Corporate Social Responsibility，CSR）：一个企业在创造利润、对股东利益负责的同时，还需承担对员工、消费者、供应商、社区和环境等的社会责任，包括遵守法规和商业道德、保障生产安全和职业健康、保护劳动者合法权益、保护环境和自然资源、支持慈善公益、保护弱势群体等。

高层管理者：位于企业的高层，为掌握和运用知识进行创新性工作，追求自主性、个性化、多样化和创新精神的工作群体，他们负责组织的全面管理，通常是指总裁、副总裁和首席执行官（CEO）等管理者。本问卷的高层管理者被界定为企业的董事长和总经理等高管团队。

胜任力：是指从事企业经营管理工作的人应当具备的能够为组织创造高绩效的心智模式、价值观、个性、兴趣，以及能够使其胜任岗位的知识、技术及能力等。

填写问卷第一部分时，请根据您的实际情况进行选择，在相应的选项下画"√"。若在电脑上直接填写，可将方框改为红色。

填写问卷第二、第三、第四部分时，请您根据贵公司的实际情况和您的看法做出判断，并在相应的数字上画"√"（1＝完全不同意，2＝不同意，3＝不确定，4＝同意，5＝完全同意）。若在电脑上直接填写，可将相应数字改为红色。每个问题只能选择一个答案，敬请留意。

第一部分　基本信息

1. 您的性别：
□男　　　　　　　　□女
2. 您的年龄：
□25 岁及以下　　　　□26—30 岁
□31—35 岁　　　　　□36—40 岁
□41—45 岁　　　　　□46 岁及以上
3. 您的教育程度：
□大专以下　　　　　□大专
□本科　　　　　　　□硕士
□博士
4. 您负责的工作部门：
□全面负责　　　　　□技术研发
□生产制造　　　　　□财务部门
□人力资源　　　　　□市场营销

☐其他部门

5. 您的职位级别：

☐董事长　　　　　　　　　☐总经理（总裁）

☐副总经理（副总裁）　　　☐总监

☐总工　　　　　　　　　　☐中层管理者

☐其他（请注明）

6. 您的任职年限：

☐0—2 年　　　　　　　　☐3—5 年

☐6—10 年　　　　　　　 ☐11—20 年

☐21—30 年　　　　　　　☐31 年以上

7. 企业性质：

☐国有企业　　　　　　　　☐集体企业

☐股份合作企业　　　　　　☐"三资"企业

☐私营企业　　　　　　　　☐其他

8. 企业所属行业：

☐制造业　　　　　　　　　☐信息运输、计算机服务和软件业

☐金融保险业　　　　　　　☐科学研究、技术服务和地质勘查业

☐文化、体育、娱乐业　　　☐卫生、社会保障和社会服务业

☐批发和零售业　　　　　　☐交通运输、仓储业和邮政业

☐房地产业　　　　　　　　☐其他

9. 企业存在时间：

☐5 年及以下　　　　　　　☐6—10 年

☐11—15 年　　　　　　　 ☐16—24 年

☐25 年及以上

10. 企业组织规模

☐0—50 人　　　　　　　　☐51—200 人

☐201—500 人　　　　　　 ☐500 人以上

11. 企业总资产规模：

☐5000 万元以内　　　　　 ☐5000 万—5 亿元

□5 亿元以上

12. 企业发展阶段：

□创业期　　　　　　□成长期

□成熟期　　　　　　□衰退期/蜕变期

第二部分　企业高层管理者胜任力

（一）管理知识

题　项	是	不是
1. 贵公司高管都具有本科以上学历	1	2
2. 贵公司高管都具有相关的学科专业知识	1	2
3. 贵公司高管都具有10年以上相关工作经验	1	2
4. 贵公司高管都有海外工作经历	1	2

（二）管理素质

题　项	完全不同意	不同意	不确定	同意	完全同意
1. 贵公司高管团队以企业道德规范正直处事，遵守各种规章制度，并抵制不道德行为	1	2	3	4	5
2. 贵公司高管团队在职业交流中，以诚实的态度对待他人，尽可能客观、全面地让对方充分了解全部信息	1	2	3	4	5
3. 贵公司高管团队即使在面临风险或压力的情况下，仍然坚持以企业利益为先	1	2	3	4	5
4. 贵公司高管团队按照要求在既定时间内完成工作，并对工作质量、成本和所带来的风险负责	1	2	3	4	5
5. 贵公司高管团队任何时候都保持一个职业化形象，清楚自身的形象代表公司的名誉	1	2	3	4	5
6. 贵公司高管团队一旦决定进行某项工作，就不再拖延，并确保预期的效果	1	2	3	4	5
7. 贵公司高管团队每天抽出至少一小时进行自我反思	1	2	3	4	5

续表

题 项	完全不同意	不同意	不确定	同意	完全同意
8. 贵公司高管团队计划并管理自己的日常工作,能对自己的工作按重要性和时间紧急性进行排序,确保工作效率	1	2	3	4	5
9. 贵公司高管团队即使得到批评性的反馈,也真诚对待	1	2	3	4	5
10. 贵公司高管团队高度重视工作成果,对于任何决定都能够马上落实到行动上	1	2	3	4	5
11. 贵公司高管团队积极主动地把握机遇,不让任何一次机会从手中溜走	1	2	3	4	5
12. 贵公司高管团队不管遇到怎样的困难和压力,都会坚持到底,实现目标	1	2	3	4	5
13. 贵公司高管团队对于客户、下属均给予尊重,愿意了解他们的想法	1	2	3	4	5

(三) 管理技能

题 项	完全不同意	不同意	不确定	同意	完全同意
1. 贵公司高管团队在各种复杂的信息中能找出相关信息并按属性进行分类和归纳,抓住事物的本质	1	2	3	4	5
2. 贵公司高管团队能够分析、感受、把握商业世界的变化趋势,并准确地预测企业未来远景,目标明晰	1	2	3	4	5
3. 贵公司高管团队能及时、清楚地了解未来目标实现的阻碍因素	1	2	3	4	5
4. 贵公司高管团队面对两难选择时仍然能够做出必要的决策,避免优柔寡断	1	2	3	4	5
5. 贵公司高管团队能快速冷静地应对各种突发事件,避免过于情绪化,并常常使得局势转危为机	1	2	3	4	5

续表

题 项	完全不同意	不同意	不确定	同意	完全同意
6. 贵公司高管团队懂得运用个人影响力在组织中找到相应关系以获得工作上的支持	1	2	3	4	5
7. 贵公司高管团队给予团队成员清晰的发展前景和发展目标	1	2	3	4	5
8. 贵公司高管团队设定富有挑战性的战略目标,并取得他人对此的认同	1	2	3	4	5
9. 贵公司高管团队能预测潜在的不利因素,提前制订计划并处理不利因素,使意外发生的可能性最小化	1	2	3	4	5
10. 贵公司高管团队充分了解企业文化和组织氛围,清晰工作能够被执行的程度,并在恰当的情况下推进变革	1	2	3	4	5
11. 贵公司高管团队对变革反应迅速,清楚地知道变革的原因和变革方向,并积极调整自己的角色	1	2	3	4	5
12. 贵公司高管团队在持续的变革和变革所产生的动荡中,都能够保持正面积极的态度	1	2	3	4	5
13. 贵公司高管团队帮助和促使他人共同适应变革,为自己和他人勾画变革的愿景	1	2	3	4	5
14. 贵公司高管团队了解促进战略目标达成的关键人物,并给予他们更多的支持	1	2	3	4	5
15. 贵公司高管团队给予合适的人选充分的权限,使其最大限度地发挥潜能	1	2	3	4	5
16. 贵公司高管团队公开坦诚地与团队成员共享信息	1	2	3	4	5
17. 贵公司高管团队积极了解国内外政治、经济发展情况及趋势	1	2	3	4	5
18. 贵公司高管团队积极了解国外商业环境和法律体系	1	2	3	4	5
19. 贵公司高管团队至少每年有一次出国访问或者同国外企业直接交流的机会	1	2	3	4	5

第三部分 责任管理

题 项	完全不同意	不同意	不确定	同意	完全同意
1. 贵公司具有明确的 CSR 发展规划	1	2	3	4	5
2. 贵公司具有适合自身发展的 CSR 指标体系	1	2	3	4	5
3. 贵公司建立了企业社会责任领导机构	1	2	3	4	5
4. 贵公司积极培育企业责任文化	1	2	3	4	5
5. 贵公司具有完善的利益相关方需求调查体系	1	2	3	4	5
6. 贵公司网页主页上有 CSR 专栏,且至少一周更新一次	1	2	3	4	5
7. 贵公司会定期发布企业社会责任报告,且报告内容翔实规范	1	2	3	4	5
8. 贵公司 CSR 报告参考标准或指引具有权威性	1	2	3	4	5
9. 贵公司 CSR 报告披露负面信息	1	2	3	4	5
10. 贵公司具有完善的社会责任活动监控和检查程序	1	2	3	4	5
11. 贵公司推动合作伙伴(上下游企业)履行社会责任	1	2	3	4	5

第四部分 企业社会责任

(一)市场责任

题 项	完全不同意	不同意	不确定	同意	完全同意
1. 贵公司建立了完善的财务会计管理体系和制度,并按规定编制财会报告	1	2	3	4	5

续表

题 项	完全不同意	不同意	不确定	同意	完全同意
2. 贵公司建立了完善的发票票据管理制度,并按规定取得、开具、保管发票	1	2	3	4	5
3. 贵公司股东具有很好的收益回报	1	2	3	4	5
4. 2013年1月1日至今,贵公司对产品(服务)进行过技改创新,并达到国家、国际标准或获得国家专利	1	2	3	4	5
5. 贵公司产品(服务)设计过程中考虑其安全因素	1	2	3	4	5
6. 贵公司通过质量管理体系认证	1	2	3	4	5
7. 贵公司建有完善的消费投诉体系,投诉流程清楚,并诚信对待消费者,能及时、积极、有效地处理各种消费投诉	1	2	3	4	5
8. 贵公司建立了完善的应对宏观经济环境变化的政策法规体系	1	2	3	4	5
9. 贵公司建立了完善的合同管理制度,诚信地对待商业伙伴,切实履行合同	1	2	3	4	5

(二) 用工责任

题 项	完全不同意	不同意	不确定	同意	完全同意
1. 贵公司与员工签订的劳动合同内容全面、合法,必备条款齐全、约定条款清楚、程序到位	1	2	3	4	5
2. 贵公司合同期内员工辞职率、解聘率在5%以内,且解聘程序符合相关规定	1	2	3	4	5
3. 贵公司企业按规定及时、足额地发放工资和加班工资,并建立了正常的工资增长机制,每年根据企业的经营状况、社会平均工资的增长情况进行工资调整	1	2	3	4	5

续表

题 项	完全不同意	不同意	不确定	同意	完全同意
4. 贵公司为每位正式员工办理了"五险一金"等社会保障	1	2	3	4	5
5. 贵公司员工日平均工时在法律规定范围内,且企业完全执行病假、产假、年休假等国家规定的休息休假制度	1	2	3	4	5
6. 贵公司搞好综合管理,建立健全劳动争议调解组织和制度,有效调解劳动争议,及时化解矛盾	1	2	3	4	5
7. 贵公司建立了完善的员工技能培训体系,并有效实施	1	2	3	4	5
8. 贵公司建完善的员工职业生涯计划,并有效实施	1	2	3	4	5
9. 贵公司建工作环境管理制度和相关评价指标,并有效执行	1	2	3	4	5
10. 贵公司对接触职业病危害岗位的劳动者有书面告知	1	2	3	4	5
11. 贵公司每年至少一次(特殊岗位半年一次)定期为员工提供免费体检	1	2	3	4	5

(三) 环境责任

题 项	完全不同意	不同意	不确定	同意	完全同意
1. 贵公司建立了完善的节能降耗、资源综合循环利用、绿色办公等节能制度和措施,并有效实施	1	2	3	4	5
2. 贵公司主动使用低碳节能产品、先进的工艺技术和设备	1	2	3	4	5
3. 贵公司实行节能目标管理,完成全部年度计划目标	1	2	3	4	5
4. 贵公司通过 ISO14000 环境管理认证	1	2	3	4	5
5. 贵公司积极使用清洁能源和原料,优化燃料结构	1	2	3	4	5
6. 贵公司建立了完善的环保组织管理体系、环境管理制度及环境突发事件应急预案,并制定明确的环保年度目标、台账齐全	1	2	3	4	5

续表

题项	完全不同意	不同意	不确定	同意	完全同意
7. 贵公司定期组织环保知识宣传培训，或积极地、有计划地参与生态保护等各类社会环境事业和环保活动	1	2	3	4	5
8. 贵公司注重因商务旅行等产生的二氧化碳排放量	1	2	3	4	5

（四）公益责任

题项	完全不同意	不同意	不确定	同意	完全同意
1. 贵公司支持社区成员（尤其是弱势群体）教育和终身学习	1	2	3	4	5
2. 贵公司积极解决社区人员就业问题	1	2	3	4	5
3. 贵公司生产经营不会对社区产生负面影响	1	2	3	4	5
4. 贵公司建立了公益慈善专项资金	1	2	3	4	5
5. 贵公司积极参加各类慈善活动	1	2	3	4	5
6. 贵公司从事具有长期性的社会公益、扶危济困等活动	1	2	3	4	5

建议栏

您认为，本企业在履行社会责任过程中，当前最紧迫的工作是什么？高管胜任力急需提升的方面是什么？希望您根据自身的经验和体会提出宝贵意见。

再次感谢您对本次调查的热心支持！

参考文献

[1] 爱德华·弗里曼:《战略管理——利益相关者方法》,王彦华、梁豪译,上海译文出版社2006年版。

[2] 彼得·德鲁克:《管理前沿》,闾佳译,机械工业出版社2009年版。

[3] 彼得·德鲁克:《21世纪的管理挑战》,朱雁斌译,机械工业出版社2009年版。

[4] 白永秀、赵勇:《理性、激励机制与企业社会责任构建》,转引自《中国企业社会责任问题学术研讨会暨中国企业管理研究会2005年会会议论文集》,中国财政经济出版社2005年版。

[5] 成中英:《文化、伦理与管理》,东方出版社1991年版。

[6] 陈炳福、周祖诚:《企业伦理学概论》,南开大学出版社2008年版。

[7] 陈维政、吴继红、任佩瑜:《企业社会绩效评价的利益相关者模式》,《中国工业经济》2002年第7期。

[8] 陈宏辉:《企业利益相关者的利益要求:理论与实证研究》,经济管理出版社2004年版。

[9] 陈云川、雷轶:《胜任力研究与应用综述及发展趋向》,《科研管理》2004年第6期。

[10] 陈万思:《纵向式职业生涯发展与发展性胜任力——基于企业人力资源管理人员的实证研究》,《南开管理评论》2005年第6期。

[11] 陈迅、韩亚琴:《企业社会责任分级模型及其应用》,《中国

工业经济》2005年第9期。

[12] 陈留彬:《中国企业社会责任评价实证研究》,《山东社会科学》2007年第11期。

[13] 陈炜、王茂祥:《我国企业社会责任管理体系的构建》,《管理现代化》2008年第2期。

[14] 陈晓萍、徐淑英、樊景立:《组织与管理研究的实证方法》,北京大学出版社2009年版。

[15] 杜中臣:《企业的社会责任及其实现方式》,《中国人民大学学报》2005年第4期。

[16] 弗朗西斯·赫瑞比:《管理高层管理者》,机械工业出版社2000年版。

[17] 费英秋:《管理人员素质与测评》,经济管理出版社2004年版。

[18] 樊行健、颜剩勇:《对企业相关利益者和社会责任的财务分析的思考》,《上海金融学院学报》2005年第3期。

[19] 郭咸纲:《西方管理思想史》,经济管理出版社2004年版。

[20] 高勇强:《中国转型社会的政商关系研究》,光明日报出版社2007年版。

[21] 霍斯特·伯格曼等:《人人是领导——工作现场的基层领导模型》,高云等译,机械工业出版社2002年版。

[22] 侯杰泰、温忠麟、成子娟:《结构方程模型及其应用》,教育科学出版社2004年版。

[23] 黄文彦、蓝海林:《我国企业社会责任管理之探讨》,《科学学与科学技术管理》2006年第6期。

[24] 黄蕾:《企业员工社会责任管理研究》,博士学位论文,湖南大学2007年。

[25] 姜启军、贺卫:《SA8000认证与中国企业发展》,《中国工业经济》2004年第10期。

[26] 鞠芳辉、谢子远、宝贡敏:《企业社会责任的实现——基于消

费者选择的分析》,《中国工业经济》2005年第9期。

[27] 金立印：《企业社会责任运动测评指标体系实证研究——消费者视角》,《中国工业经济》2006年第6期。

[28] 贾生华：《企业家能力与企业成长模式的匹配》,《南开学报》（哲学社会科学版）2004年第1期。

[29] 贾生华、郑海东：《企业社会责任：从单一视角到协同视角》,《浙江大学学报》2007年第2期。

[30] 贾建锋、唐贵瑶、李俊鹏、王文娟、单翔：《高管胜任特征与战略导向的匹配对企业绩效的影响》,《管理世界》2015年第2期。

[31] 雷永生等：《皮亚杰发生认识论评述》,人民出版社1987年版。

[32] 李庶泉：《职业指导人职匹配理论评述》,《职业指导》2002年第8期。

[33] 卢代富：《企业社会责任的经济学与法学分析》,法律出版社2002年版。

[34] 刘长江：《评估职业兴趣的结构》,《心理学报》2003年第3期。

[35] 李民：《尚书译注》,上海古籍出版社2004年版。

[36] 厉以宁：《消除国企改革九大顾虑》,《中外管理》2001年第5期。

[37] 厉以宁：《企业的社会责任》,《中国流通经济》2005年第7期。

[38] 罗争玉：《文化管理是企业管理思想发展的新阶段》,《湖南社会科学》2003年第1期。

[39] 黎友焕：《论企业社会责任建设与构建和谐社会》,《西北大学学报》2006年第5期。

[40] 黎友焕：《企业社会责任研究》,博士学位论文,西北大学,2007年。

[41] 刘学方、王重鸣、唐宁玉、朱健、倪宁:《家族企业接班人胜任力建模——一个实证研究》,《管理世界》2006年第5期。

[42] 刘宝:《全面责任管理——企业社会责任管理的战略性方法》,《生产力研究》2009年第13期。

[43] 李明斐、卢小君:《胜任力与胜任力模型构建方法研究》,《大连理工大学学报》2005年第1期。

[44] 李政:《利益相关者理论与国有商业银行公司治理》,《金融理论与实践》2005年9月。

[45] 林箔、谷珊珊:《领导能力因素与员工绩效之关系实证研究》,《现代财经》(天津财经大学学报)2006年第4期。

[46] 罗殿军、冯园园:《企业公民理念与可持续成长关系的探讨》,《商业时代》2006年第30期。

[47] 刘瑛华:《从SA8000看国际企业社会责任运动对我国的影响》,《管理世界》2006年第6期。

[48] 林泽炎、刘理晖:《转型时期中国企业家胜任特征的探索性研究》,《管理世界》2007年第1期。

[49] 卢勇:《基于社会责任的民营企业发展目标研究——以浙江民营企业为例》,《上海经济》2008年第5期。

[50] 李伟阳、肖红军:《基于社会资源优化配置视角的企业社会责任研究》,《中国工业经济》2009年第4期。

[51] 李伟阳、肖红军:《全面社会责任管理:新的企业管理模式》,《中国工业经济》2010年第1期。

[52] 李丹、杨建君、王婷:《经理人创新胜任力及其对技术创新模式的影响机制》,《软科学》2016年第10期。

[53] 苗青、王重鸣:《基于企业竞争力的企业家胜任力模型》,《中国地质大学学报》(社会科学版)2003年第3期。

[54] 苗东升:《系统科学精要》(第2版),中国人民大学出版社2006年版。

[55] 牛建宏:《论私营企业价值观》,《科技与经济》2005年第

5 期。
[56] 欧阳润平:《企业伦理学:培育企业道德实力的理论和方法》,湖南人民出版社 2003 年版。
[57] 彭剑锋、荆小娟:《员工素质模型设计》,中国人民大学出版社 2003 年版。
[58] 潘文安:《IT 业项目经理人胜任力模型研究》,《科技进步与对策》2005 年第 2 期。
[59] 钱学森:《创建系统学》,山西科学技术出版社 2001 年版。
[60] 齐捧虎:《企业竞争优势论》,西北大学出版社 2001 年版。
[61] 乔东、李文斌、李海燕:《论 21 世纪管理理论新思路——浅析价值观管理理论中的超经济主义价值观》,《山东财政学院学报》2002 年第 4 期。
[62] 乔东:《试论企业价值观和企业质量文化》,《商业研究》2003 年第 3 期。
[63] 齐瑞福、陈春花:《高管价值评价、选拔任用方式与国企改革进程的相关性》,《改革》2014 年第 2 期。
[64] 任小波:《企业价值观与企业精神》,《企业文化》2003 年第 3 期。
[65] 荣泰生:《SPSS 与研究方法》,(台北)五南出版社 2005 年版。
[66] 任荣明、朱晓明:《企业社会责任多视角透视》,北京大学出版社 2009 年版。
[67] 单孝虹:《价值观:现代企业管理之魂》,《理论与改革》2002 年第 2 期。
[68] 时勘、王继承、李超平:《企业高层管理者胜任特征模型评价的研究》,《心理学报》2002 年第 3 期。
[69] 孙海法、伍晓奕:《企业高层管理团队研究的进展》,《管理科学学报》2003 年第 64 期。
[70] 斯蒂芬·P. 罗宾斯、玛丽·库尔特:《管理学》,清华大学出版社 2005 年版。

［71］沈洪涛、沈艺峰：《公司社会责任思想起源与演变》，世纪出版集团、上海人民出版社2007年版。

［72］宋建波、盛春艳：《基于利益相关者的企业社会责任评价研究——以制造业上市公司为例》，《中国软科学》2009年第10期。

［73］孙秀丽、赵曙明：《HRM能力及其重要性对战略人力资源管理与企业绩效的影响研究》，《南京社会科学》2017年第1期。

［74］唐玛丽·德里斯科尔、迈克·霍夫曼：《价值观驱动管理》，徐大建译，中国人民大学出版社2009年版。

［75］威廉·大内：《Z理论——美国企业怎样迎接日本的挑战》，孙耀君译，中国社会科学出版社1984年版。

［76］王陆原、冯光星：《系统科学总论》，陕西人民教育出版社1990年版。

［77］魏宏森、曾国屏：《系统论——系统科学哲学》，清华大学出版社1995年版。

［78］王兴成、卢继传、徐耀宗：《知识经济》，中国经济出版社1998年版。

［79］王小锡：《经济伦理与企业发展》，南京师范大学出版社1998年版。

［80］吴颖：《论21世纪企业价值观的取向》，《经济师》1999年第8期。

［81］王小锡：《现代经济伦理学》，江苏人民出版社2000年版。

［82］王重鸣、陈民科：《管理胜任力特征分析：结构方程模型检验》，《心理科学》2002年第5期。

［83］吴维库、富萍萍、刘军：《基于价值观的领导》，经济科学出版社2002年版。

［84］吴剑平、张德：《试论价值观管理》，《中国人力资源开发》2002年第9期。

［85］吴维库、刘军、张玲等：《以价值观为本领导行为与领导效能在中国的实证研究》，《管理工程学报》2003年第4期。

［86］温忠麟、张雷、侯杰泰等：《中介效应检验程序及其应用》，《心理学报》2004年第5期。

［87］王继承：《谁能胜任》，中国财政经济出版社2004年版。

［88］王茂林：《构建和谐社会必须强化企业的社会责任》，《求是》2005年第23期。

［89］魏钧、张德：《国内商业银行客户经理胜任力模型研究》，《南开管理评论》2005年第6期。

［90］王正斌：《企业管理创新：从利润到责任》，《西北大学学报》（哲学社会科学版）2006年第2期。

［91］魏文斌：《第三种管理维度——组织文化管理通论》，吉林人民出版社2006年版。

［92］王怀明、宋涛：《我国上市公司社会责任与企业绩效的实证研究——来自上证180指数的经验证据》，《南京师范大学学报》（社会科学版）2007年第2期。

［93］王阳：《系统构建企业社会责任管理体系》，《学术论坛》2008年第3期。

［94］温素彬、方苑：《企业社会责任与财务绩效关系的实证研究——利益相关者视角的面板数据分析》，《中国工业经济》2008年第10期。

［95］徐超、陈继祥：《战略性企业社会责任的评价》，《上海企业》2005年第5期。

［96］徐尚昆、杨汝岱：《企业社会责任概念范畴的归纳性分析》，《中国工业经济》2007年第5期。

［97］徐光华、陈良华、王兰芳：《战略绩效评价模式：企业社会责任嵌入性研究》，《管理世界》2007年第11期。

［98］沃多克、鲍威尔：《全面责任管理指南（2002）》，李伟阳、肖红军译，中国电力出版社2009年版。

[99] 西蒙·L. 多伦、萨尔瓦多·加西亚等：《价值观管理：21世纪企业生存之道》，李超平译，中国人民大学出版社2009年版。

[100] 辛清泉、谭伟强：《市场化改革、企业业绩与国有企业经理薪酬》，《经济研究》2009年第11期。

[101] 肖红军、张俊生、李伟阳：《企业伪社会责任行为研究》，《中国工业经济》2013年第6期。

[102] 辛杰：《企业社会责任的价值创造机制研究》，《管理学报》2014年第11期。

[103] 约翰·艾德尔：《艾尔德尔论领导能力》，熊金才译，汕头大学出版社2004年版。

[104] 叶泽川：《新儒学工具性人群关系管理价值观研究》，博士学位论文，重庆大学，2002年。

[105] 易开刚：《企业社会责任管理新理念：从社会责任到社会资本》，《经济理论与经济管理》2007年第11期。

[106] 殷格非、崔生祥、郑若娟：《企业社会责任基础教程》，中国人民大学出版社2008年版。

[107] 杨学义、王新安：《中国国有企业管理层管理变迁研究》，中国社会科学出版社2012年版。

[108] 杨皖苏、杨善林：《中国情境下企业社会责任与财务绩效关系的实证研究——基于大、中小型上市公司的对比分析》，《中国管理科学》2016年第1期。

[109] 邹珊刚、黄麟雏等：《系统科学》，上海人民出版社1987年版。

[110] 邹广文：《培育现代企业精神与企业价值观》，《理论学习》2002年第5期。

[111] 仲理峰、时勘：《胜任特征研究的新进展》，《南开管理评论》2003年第2期。

[112] 张礼萍：《从边缘群体到社会主导阶层——中世纪西欧商人

的成长》,《青海师范大学学报》(哲学社会科学版) 2003 年第 3 期。

[113] 张志强、王春香:《西方企业社会责任的演化及其体系》,《宏观经济研究》2005 年第 9 期。

[114] 仲理峰、时勘:《家族企业高层管理者胜任特征模型》,《心理学报》2004 年第 1 期。

[115] 郑学宝、孙健敏:《县域经济发展与县级党政领导正职的胜任力模型研究》,《学术研究》2006 年第 1 期。

[116] 周延风、罗文恩、肖文建:《企业社会责任行为与消费者响应——消费者个人特征和价格信号的调节》,《中国工业经济》2007 年第 3 期。

[117] 周祖城、张漪杰:《企业社会责任相对水平与消费者购买意向关系的实证研究》,《中国工业经济》2007 年第 9 期。

[118] 张兰霞、王俊、王雪:《东北老工业基地国有企业高层管理者胜任力模型》,《东北大学学报》2007 年第 4 期。

[119] 张国平:《公司社会责任的法律意蕴》,《江苏社会科学》2007 年第 5 期。

[120] 赵琼、张应祥:《跨国公司与中国企业捐赠行为的比较研究》,《社会》2007 年第 5 期。

[121] 赵曙明:《人力资源管理研究新进展》,南京大学出版社 2002 年版。

[122] 赵曙明、杜娟:《企业经营者胜任力及测评理论研究》,《外国经济与管理》2007 年第 1 期。

[123] 赵曙明:《企业社会责任的要素、模式与战略最新研究述评》,《外国经济与管理》2009 年第 1 期。

[124] 赵曙明、白晓明、赵宜萱:《转型经济背景下我国企业家胜任素质分析》,《南京大学学报》(哲学·人文科学·社会科学) 2015 年第 2 期。

[125] 张进发:《基于利益相关者理论的企业社会责任管理研究》,

博士学位论文，天津大学 2009 年。

［126］张雯、王正斌：《隐性知识对企业竞争优势作用的实证研究》，《中国科技论坛》2011 年第 5 期。

［127］张雯、王正斌：《我国企业履行社会责任的现状及措施探讨》，《企业家信息》2012 年第 8 期。

［128］曾建光、张英、杨勋：《宗教信仰与高管层的个人社会责任基调——基于中国民营企业高管层个人捐赠行为的视角》，《管理世界》2016 年第 4 期。

［129］野中郁次郎、竹内弘高：《创造知识的企业》，李萌、高飞译，知识产权出版社 2006 年版。

［130］Ackerman, R. W. , "How companies respond to social demand", *Harvard Business Review*, Vol. 51, No. 4, 1973.

［131］Aupperle, K. E. , Carroll, Archie B. and Hatfield, J. D. , "An ethnical investigation of the relationship between corporate social responsibility and profitability", *Academy of Management Journal*, No. 28, 1985, pp. 446 – 463.

［132］Avolio, B. J. and Bass, B. M. , Charisma and Beyond, In. G Hunt, *Emerging Leadership Vistas*, Elmsford. N. Y: Pergam on Press, 1985.

［133］Alldredge, M. E. and Nilan, K. J. , "3M's Leadership Competency Model: An Internally Developed Solution", *Human Resource Management*, Vol. 39, No. 2, 2000.

［134］A. J. Hillman and G. D. Keim, "Shareholder value, stakeholder management, and social issues: What's the bottom line", *Strategic Management Journal*, Vol. 22, No. 2, 2001.

［135］A. McWilliams and D. Siegel, "Corporate social responsibility: A theory of the firm perspective", *Academy of Management Review*, Vol. 26, No. 1, 2001.

［136］A. McWilliams and D. Siegel, "Creating and capturing value:

Strategic corporate social responsibility, resource – based theory and sustainable competitive advantage", *Journal of Management*, No. 37, 2001, pp. 1480 – 1495.

[137] Afshari, A. R. and Mojahed, M., Yusuff, R. M. et al., "Personnel selection using Electre", *Journal of Applied Sciences*, Vol. 10, No. 23, 2010.

[138] Aguinis, H. and Glavas, A., "Embedded versus peripheral corporate social responsibility: Psychological foundations", *Industrial and Organizational Psychology*, Vol. 6, No. 4, 2013.

[139] Bowen, H. R., *Social Responsibility of the Businessmen*, New York: Harper & Row, 1953.

[140] Bonanzas, R. E., *The Competent Manager: A Model for Effective Performance*, New York: Wiley, 1982, pp. 12 – 13.

[141] Boyatzis, R., *The Competent Manager—A Model for Effective Performance*, John Wiley & Sons, New York, NY 1982.

[142] Bennis, W., "The competencies of leadership", *Training and Development Journal*, No. 8, 1984, pp. 15 – 19.

[143] B. A. Wernerfelt, "A resource – based view of the firm", *Strategic Management Journal*, Vol. 5, No. 1, 1984.

[144] Bryman, A., *Charisma and Leadership in Organization*, Newbury Park, CA: Sage, 1992, pp. 155 – 172.

[145] Blair, M., "For whom should corporations be run: An economic rational for stakeholder management", *Long Range Planning*, Vol. 31, No. 2, 1998.

[146] B. M. Ruf, K. Muralidhar, "An empirical investigation of the relationship between change incorporate social performance and financial performance: A stakeholder theory perspective", *Journal of Business Ethics*, Vol. 32, No. 2, 2001.

[147] Batjargal, B., "Entrepreneurial versatility resources and firm

performance in Russia: Apanel study", *International Journal of Entrepreneurship and Innovation*, No. 5, 2005, pp. 284 – 296.

[148] Bogdanovic, D. and Miletic, S., "Personnel evaluation and selection by multicriteria decision making method", *Economic Computation & Economic Cybernetics Studies & Research*, Vol. 48, No. 3, 2015.

[149] Committe For Economic Development, *Social Responsibilities of business Corporations*, New York: Author, 1971.

[150] Clarkson, M. B. E., Corporate social performance in Canada, *Research Incorporate Social Performance and Policy*, No. 10, 1988, pp. 241 – 265.

[151] Clarkson, M. B. E., Deck, M. C. and Shiner, N. J., The stakeholder management model in practice, Paper presented at the annual meeting of the Academy of Management, Las Vegas, NV, 1992.

[152] Church, A. T. and Burke, P. J., "Exploratory and confirmatory tests of the Big Five and Tellegen's three and four – dimensional models", *Journal of Personality and Social Psychology*, Vol. 66, No. 4, 1994.

[153] Clarkson, M., "A stakeholder framework for analyzing and evaluating corporate social performance", *Academy of Management Review*, Vol. 20, No. 1, 1995.

[154] Carroll, Archie B., "A three – dimensional conceptual model of corporate social performance", *Academy of Management Review*, No. 4, 1979, pp. 497 – 505.

[155] Carroll, Archie B., "Corporate social responsibility: Will industry respond to cutbacks in social funding", *Vital Speeches of the Day*, No. 49, 1983, pp. 604 – 608.

[156] Conger, J. A. and Kanungo, R. N., "Toward Behavioral Theory

of Charismatic Leadership in Organizational Settings", *Academy of Management Review*, No. 12, 1987, pp. 637 – 647.

[157] Carroll, Archie B., "The pyramid of corporate social responsibility: Toward the moral management of organizational stakeholders", *Business Horizons*, No. 34, 1991, pp. 39 – 48.

[158] Carroll, Archie B., "Corporate social responsibility: evolution of a definitional construct", *Business & Society*, No. 38, 1999, pp. 268 – 295.

[159] Chandler, G. and Jansen, E., "The founder's self – assessed leadership and performance", *Journal of Business Venturing*, No. 73, 1992, pp. 223 – 236.

[160] Cochran, Philip L. and Wood, Robert A., "Corporate social responsibility and financial performance", *Academy of Management Journal*, No. 27, 1984, pp. 42 – 56.

[161] Chandler, G. N. and Hank, S. H., "Founder Leadership, The environment, and Venture Performance", *Entrepreneur Theory and Practice*, No. 28, 1994, pp. 77 – 89.

[162] Christensen, Clayton M., "Makeing strategy learning by doing", *Harvard Business Review* Vol. 75, No. 6, 1997.

[163] Connelly, M. S., Gilbert, J. A., Zaccaro, S. J., Threefold, K. V., Marks, M. A. and Mumford, M. D., "Exploring the relationship of leadership skills and knowledge leader performance", *Leadership Quarterly*, No. 11, 2000, pp. 65 – 68.

[164] Cristina Moro Bueno, Stewart L. Tubbs, "Identifying Global Leadership Competencies: An Exploratory Study", *Journal of American Academy of Business*, Vol. 15, No. 9, 2004.

[165] Davis, K., "Can business afford to ignore social responsibilities?", *California Management Review*, No. 2, 1960, pp. 70 – 76.

[166] Davis Keith, Blomstrom, Robert L., *Business Society and Environment*, McGraw – Hill Book Company, 1971: 91.

[167] Drucker, P. F., *Management: Tasks, Responsibilities, Practices*, New York, Harper & Row, 1973.

[168] Davids, M., "Where Style Meets Substance", *Journal of Business Strategy*, Vol. 16, No. 1, 1995.

[169] Donaldson, T. and Preston, L., "The stakeholder theory of the corporation: Concepts, evidence, and implication", *Academy of Management Review*, Vol. 20, No. 1, 1995.

[170] D. J. Teece, G. Pisano and A. Shuen, "Dynamic capabilities and strategic Management", *Strategic Management Journal*, Vol. 18, No. 4, 1997.

[171] D. Cormier and M. Magnan, "Environmental reporting management: Acontinental European perspective", *Journal of Accounting and Public Policy*, Vol. 22, No. 4, 2003.

[172] D. Cormier and M. Magnan, "The impact of the web on information and communication modes: The case of corporate environmental disclosure", *International Journal of Technology Management*, Vol. 27, No. 3, 2004.

[173] Dirk Matten, Andrew Crane and Wendy Chapple, "Behind the Mask: Revealing the True Face of Corporate Citizenship", *Journal of Business Ethics*, Vol. 45, No. 4, 2003.

[174] D. A. Waldman, M. Javidan and P. Varella, "Charismatic leadership at the strategic level: A new application of upper echelons theory", *The Leadership Quarterly*, No. 15, 2004, pp. 355 – 365.

[175] Foss, N. J., "Firm Incomplete Contracts and Organizational Learning", *Druid Working Pater*, No. 9, 1996, pp. 6 – 20.

[176] Geoffmoore, "Corporate social and financial performance: An investigation in the U. K. supermarket industry", *Journal of business*

ethics, Vol. 34, No. 4, 2001.

[177] Heald, M., *The social responsibilities of business: Company and community*, 1900–1960, Cleveland: Case Western Reserve University Press, 1970.

[178] Hambrick, D. C. and Mason, P. A., "Upper echelons: The organizations a reflection of its top managers", *Academy of Management Review*, No. 9, 1984, pp. 193–206.

[179] Hit, A. M. and Ireland, D. R., "The essence of strategic leadership: Managing human and social capital", *Journal of Leadership and Organization Studies*, Vol. 9, No. 1, 2002.

[180] Harter, J. K., Schmidt, F. L. and Hayes, T. L., "Business-unit Level Relationship between Employee Satisfaction, Employee Engagement and Business Outcomes: Amebaanaly", *Journal of Applied Psychology*, Vol. 87, No. 4, 2002.

[181] Herrmann, D. and Felfe, J., "Effects of leadership style, creativity technique and personal initiative on employee creativity", *British Journal of Management*, Vol. 25, No. 1, 2014.

[182] Hosseini, S. M., "A new evaluation model for selecting a qualified manager by using fuzzy Topsis approach", *International Journal of Industrial Mathematics*, Vol. 8, No. 4, 2016.

[183] Indjejikian, R. J. and Matöjka, M., "Accounting decentralization and performance evaluation of business unit managers", *Accounting Review*, Vol. 87, No. 1, 2012.

[184] J. J. Sosik, D. I. Jung and Y. Berson, "Making all the right connections: The strategic leadership of top executives in high-tech organizations", *Organizational Dynamics*, Vol. 34, No. 1, 1997.

[185] J. S. Toms, "Firm resources, quality signals and the determinants of corporate environmental reputation: Some UK evidence",

British Accounting Review, No. 34, 2002, pp. 257 – 282.

[186] Jorgen Sandberg, "Understanding Human Competence at Work: An Interpretative Approach", *Academy of Management Journal*, Vol. 43, No. 1, 2000.

[187] Joyce W. Nohria and Roberson, B., *What Really Works: The Formula for Sustained Business*, New York: Harper Collins Publisher Inc., 2003, pp. 57 – 63.

[188] Joshua D. Margolis and James P. Walsh, "Misery lovers companies: Rethinking social initiatives by business", *Administrative Science Quarterly*, Vol. 48, No. 4, 2003.

[189] J. Surroca, J. A. Tribo and S. Waddock, "Corporate responsibility and financial performance: The role of intangible resources", *Strategic Management Journal*, Vol. 31, No. 4, 2010.

[190] Jeff Moore, "Top performers", *Harvard Business Review*, No. 4, 2013, pp. 343 – 346.

[191] Jones, D. A., Willness, C. R. and Madey, S., "Why are job seekers attracted by corporate social performance? experimental and field tests of three signal – based mechanisms", *Academy of Management Journal*, Vol. 57, No. 2, 2014, pp. 383 – 404.

[192] La Barre, P., "Marcus bucking hamthinksy our boss has an attitude problem", *Fast Company*. No. 82001, pp. 88 – 98.

[193] Leiserson, E. K., "Succeed to lead", *Training & Development Journal*, No. 10, 2004, pp. 10 – 14.

[194] L. L. Sotorrío and J. L. Sánchez, "Corporate social reporting for different audiences: The case of multinational corporations in Spain", *Corporate Social Responsibility and the Environment Management*, No. 17, 2010, pp. 272 – 283.

[195] Leroy, H., Anseel, F. and Gardner, W. L., "Authentic leadership, authentic followership, basic need satisfaction, and

workrole performance", *Journal of Management*, Vol. 41, No. 6, 2015.

[196] Morskowitz, Miton R., "Choosing socially responsible stocks", *Business and Society Review*, No. 18, pp. 71 – 75.

[197] McClelland, D. C. and Boyatzis, R. E., "Opportunities for counselors from the competency assessment movement", *The Personnel and Guidance Journal*, No. 1, 1980, pp. 368 – 372.

[198] McDonald, R. P. and Marsh, H. W., "Choosing a multivariate model: Noncentrality and goodness of fit", Mansfield, R. S. Building competency models: Approaches for HR professionals, *Human Resource Management*, Vol. 35, No. 1, 1996.

[199] M. V. Russo and P. A. Fouts, "A resource – based perspective on corporate environmental performance and profitability", *Academy of Management Journal*, Vol. 40, No. 4, 1997.

[200] McClelland, D. C., "Identifying Competencie with Behavioral Event Interviews", *Psychological Science*, No. 9, 1998, pp. 331 – 339.

[201] Mumford, M. D., Zaccaro, S. J., Harding, F. D., Jacobs, T. O. and Fleishman, E. A., "Leadership skills for a changing world: Solving complex social problems", *The Leadership Quarterly*, No. 11, 2000, pp. 11 – 35.

[202] McWilliams, A. and Siegel, D., "Corporate Social Responsibility: A Theory of the Firm Perspective", *Academy of Management Review*, Vol. 26, No. 1, 2001.

[203] Michael E. Porter and Mark R. Kramer, "Strategy and Society: The Link Between Competitive Advantage and Corporate Social Responsibility", *Harvard Business Review*, No. 12, 2006, pp. 78 – 92.

[204] Mike Morrison, "HBR Case Study: The Very Model of a Modern

Senior Manager", *Harvard Business Review*, Vol. 85, No. 1, 2007, p. 27.

[205] Nunnally, J. C., *Psychometric Theory* (2nd ed.), McGraw-Hill, New York, 1978.

[206] Neil Anderson and Peter Herriot, *Assessment and Selection in Organizations, Methods and Practice for Recruitment and Appraisal*, Wiley, 1997.

[207] Penrose, E. T., *The Theory of the Growth of the Firm*, Oxford University Press, 1959, pp. 168-184.

[208] Pfeiffer, J., "The Ambiguity of Leadership", *Administrative Science Review*, No. 2, 1977, pp. 104-112.

[209] Prahalad, C. K. and Hamel, "The core competence of the corporation", *Harvard Business Review*, Vol. 68, No. 3, 1990.

[210] Papadkis and Barwise, "How much do CEOs and top managers matter in strategic decision making", *British Journal of Management*. No. 13, 2002, pp. 83-96.

[211] Russell, C. J., "A Longitudinal Study of Top-level Executive Performance", *Journal of Applied Psychology*, Vol. 86, No. 4, 2001, pp. 560-573.

[212] R. Haniffa and T. E. Cooke, "The impact of culture and governance on corporate social reporting", *Journal of Accounting and Public Policy*, No. 24, 2005, pp. 391-430.

[213] Rego, A., Sousa, F. and Marques, S., "Hope and positive affect mediating the authentic leadership And creativity relationship", *Journal of Business Research*, Vol. 67, No. 2, 2014.

[214] Spencer, L. M., Spencer, S. M., *Competence at Work: Models for Superior Performance*, New York: John Wiley & Sons, Inc., 1993.

[215] Shamir, B., House, R. J. and Arthur, M. B., "The Motiva-

tional Effects of Charismatic Leadership: A Self Concept Based Theory", *Organization Science*, No. 4, 1993, pp. 1 – 17.

[216] S. L. Hart, "A natural – resource – based view of the firm", *Academy of Management Review*, Vol. 20, No. 4, 1995.

[217] Sandberg, J., "Understanding human competence at work: an interpretative approach", *Academy of Management Journal*, Vol. 43, No. 1, 2000.

[218] Shippman, J. S. and Ash, R. D., The practice of competency modeling, *Personal Psychology*, 2000, 53 (3): 703 – 740.

[119] Smith, N. C., "Corporate Social Responsibility: Whether or how", *California Management Review*, Vol. 45, No. 4, 2003.

[220] Sternberg, R. J., "A model of educational leadership: Wisdom, intelligence, and creativity, synthesized", *International Journal of Leadership in Education*, Vol. 8, No. 4, 2005.

[221] Thompson, J. E., Stuart, R. and Lindsay, P. R., "The leadership of top team members: A Frame work for successful performance", *Journal of Managerial Psychology*, Vol. 11, No. 3, 1996.

[222] Thomas W. Y. Man, Theresa Lau and K. F. Chan, "The competitiveness of small and medium enterprises: Conceptual? Nation with focus on entrepreneurial competencies", *Journal of Business Venturing*, No. 17, 2002, pp. 123 – 142.

[223] Van Vulpe, E. and Moesker, F., Competency – based Management in the Dutch Senior PublicService, Harton, S. et al., *Competency Management in the Public Sector*, Amsterdam: OS Press, 2002.

[224] V. M. Strike, J. J. Gao and P. Bansal, "Being good while being bad: Social responsibility and the international diversification of US firms", *Journal of International Business Studies*, Vol. 37,

No. 4, 2006.

[225] Verna Allee and Jan Taug, "Collaboration, Innovation and Knowledge Sharing in a Global Telecom", *Journal of Organizational Learning*, November 2006.

[226] Wechsler, D., *The Measurement and Appraisal of Adult Intelligence* (4th ed.), Baltimore, M. D.: Williams and Wilkins. 1958.

[227] White, R., "Motivation Reconsidered: The concept of Competence", *Psychological Review*, Vol. 66, No. 5, 1959.

[228] Wartick, Steven L., Cochran, Philip L., "The evolution of the corporate social performance mode", *Academy of Management Review*, Vol. 10, No. 4, 1985.

[229] Waddock, Sandra A., Charles Bodwell, Samuel B. Graves, "Responsibility: The New Business Imperative", *Academy of Management Executive*, Vol. 16, No. 2, 2002.

[230] Williams, R. S., *Performance Management*, London: International Thomson Business Press, 1998.

[231] Waldman, D. A., Ramirez, G. G., House, R. J. and Puranam, P., "Does leadership matter? CEO leadership attributes sunder conditions of perceived environmental uncertainty", *Academy of Management Journal*, Vol. 44, No. 4, 2001.

[232] Wang, H., Sui, Y. and Luthans, F. et al., "Impact of authentic leadership on performance: Role of followers' positive psychological capital and relational processes", *Journal of Organizational Behavior*, Vol. 35, No. 1, 2014.

[233] Xiaobei Li, Xin Qin, Kaifeng Jiang, Sanbao Zhang and Feiyi Gao, "Human resource practices and firm performance in china: The moderating roles of regional human capital quality and firm innovation strategy", *Management and Organization Review*,

Vol. 11, No. 2, 2015.

[234] Yukl, G., *Leadership in Organizations* (7th ed.), Prentice - Hall: Engle wood Cliffs, NJ. 1998: 144 - 163.

[235] Zhang, X. M. and Bartol, K. M., "Linking empowering leadership and employee creativity: The influence of psychological empowerment, intrinsic motivation, and creative process engagement", *Academy of Management Journal*, Vol. 53, No. 1, 2010.

[236] Zubair, A. and Kamal, A., "Authentic leadership and creativity: Mediating role of work - related flow and psychological capital", *Journal of Behavioral Sciences*, Vol. 25, No. 1, 2015.

后　记

在论文即将成书之际，颇多感言。在学术道路上的艰辛与充实、困盾与喜悦、探索与进步，融入学习、工作、生活的点滴时光，珍贵时刻顿时清晰浮现，感恩助我行至今日的良师益友！

首先感谢我的导师王正斌教授，能够成为王老师的学生，是我人生莫大的荣幸。王老师兼容并蓄的学术素养帮助我打下了坚实的管理学基础，王老师对中国企业现实问题的透彻认识和准确把握培养了我敏锐的洞察力及敏感的学术直觉。同时，王老师用乐观豁达的生活态度与宽宏亲切的待人方式潜移默化地教导着我如何快乐地生活。

感谢我的硕士导师齐捧虎教授和张红芳教授。齐老师和张老师渊博的学识和严谨朴素的治学态度深深地影响着我，也为我的求学之路指明了目标和方向。同时，感谢白永秀教授、任保平教授、惠宁教授、赵守国教授、陈关聚教授、史耀疆教授、茹少峰教授、李树民教授在论文和本书写作过程中给予我的指导和意见。

感谢师门同窗及2009级博士班的同学们，与他们的学术探讨使我受益匪浅，他们分享的生活感悟让我受益终身，也感谢他们在数据收集过程中的鼎力相助！

感谢西安财经学院的领导和同事们对我工作的指导与帮助！

感谢陕西省高级人才事务所的邰随印所长，邰老师睿智的思维和深邃的洞察力给予我思想的导航；感谢陕西直方大物联网生产力促进中心有限公司董事长许正先生对本书的诸多宝贵意见；感谢陕西师范大学薛亮副教授和大连交通大学姜岩副教授对本书数据处理中的指导与帮助。

感谢数据收集过程中给予我支持的师长及各位朋友！

感谢十多年来一直默默帮助和支持我的春静老师，在我迷茫、低落的时候给了我中肯的建议和鼓励，使我勇敢、乐观地应对工作、生活中的种种挑战与磨炼！

感谢中国社会科学出版社的卢小生老师以及对本书付出辛勤劳动的各位编辑老师！

感谢我的家人，他们的温暖永远是我前行的动力与依靠！

最后，尽管本书在博士论文的基础上再次调研、请教、探讨，对高管胜任力与企业社会责任的关系进行了更为深入的论证，但由于自身能力有限，本书难免会有疏漏之处，恳请广大读者批评指正！

张　雯
2017 年 5 月